TYPISCH

FINNLAND IST EINE REISE WERT!

»Tervetuloa!« Sanft gluckst das Wasser an den Bootssteg. Ein silbrig-blauer Glanz liegt über dem spiegelglatten See, im Norden schimmert der Himmel in Rosatönen: Letzte Abenddämmerung oder schon erstes Morgenrot? »Kaunis!« würde ein Finne rufen: Einfach nur schön!

WOLFGANG RÖSSIG

Der Autor studierte Literatur und Kunst-geschichte, entdeckte die Leichtigkeit des Seins in einem *Mökki* am See und war fortan dem Zauber der Mittsommernäch-te und der farbenfrohen *Ruska*-Zeit erle-gen. Er liebt finnisches Design, Moltebee-renmarmelade – und die verblüffende Ansammlung von Vokalen in der finni-schen Sprache.

So fing sie an, meine Finnlandsehnsucht – und bis heute fällt mir keine bessere Erholung vom Großstadtstress ein als einige sommerliche Tage ir-gendwo im »Land der Tausend Seen«. Dabei ist die Bezeichnung reines fin-nisches Understatement für diesen Fleckenteppich in Saphirblau und Sma-ragdgrün. Schon die Saimaa-Seenplatte ist ein amphibisches Labyrinth aus Inseln, Nebenarmen, Buchten und Kanälen. Wo hört da ein See auf und fängt der nächste an? Unendlich viel Platz für ein *Mökki*, eines der unge-zählten, am liebsten rot gestrichenen Ferienhäuschen, umrahmt von zart-grünen Birken, und bitte mit eigenem Bootsanleger und Sauna, von der aus man direkt in den glasklaren See springen kann. Das Wasser ist gar nicht so kalt, denn Karelien wird im Sommer von der Sonne verwöhnt. Wer keine Lust hat, mit dem Boot den weiten Weg zum nächsten Lebensmittelladen anzu-treten, angelt sich einen leichtsinnigen Barsch aus dem See und in den Wäl-dern findet man Beeren und Pilze. Entspannender kann Urlaub nicht sein!

Szenenwechsel: Knackige Kälte, sternklare nordfinnische Polarnacht – es ist Kaamoszeit. Heute werden sie tanzen, die himmlischen Schleier der Au-rora borealis. Die alten Schamanen der Sámi konnten die Götterfackeln herbeirufen und mit ihren Zaubertrommeln eine Pforte in die andere Welt öffnen. Wer das Nordlicht entziffern kann, löst das Geheimnis vom Ur-sprung der Welt, heißt es im finnischen Nationalepos Kalevala. Die Schlit-tenhunde heulen, als der erste grüne Schein aufflackert, wieder verschwin-det, immer schwungvoller zurückkehrt, bis ein gewaltiger Vorhang über das schwarze Firmament flattert und in allen Regenbogenfarben magische

Lichtflecken auf die Schneeflächen zaubert. »Wir haben die Farben des Nordlichts in unsere Kleidung gewebt«, sagen die Sámi.

Im Februar, wenn der Frost am strengsten ist, kehrt das Sonnenlicht wieder. Erst nur für wenige Minuten, dann für ein paar Stunden taucht es die filigrane Schneelandschaft in unwirklich zartes, immer intensiver glühendes Rosa, bevor die stundenlange blaue Dämmerung zurückkehrt. Das ist die schönste Zeit für Ausflüge mit Schneemobil und Rentierschlitten oder Schlittenexpeditionen durch die tief verschneite Wildnis, mit einer jaulenden Huskymeute, die enthusiastisch 40 Kilometer am Tag zurücklegt, *suoran suoran,* immer geradeaus. Winterwunderland Finnland – und warm eingepackt ist die knackige trockene Kälte gar kein Problem. Oft löst sich die Eisdecke des Inari-Sees in Lappland erst im Juni auf. Fast nahtlos geht der Spätwinter in den Frühsommer über, und an den felsigen Ufern der Inseln und Schären von Finnlands drittgrößtem See leuchten die in polaren Zwergformen wachsenden Fichten, Kiefern und Birken in vielen Grüntönen. Bald hüllt die Mittsommernacht die weite herbe Landschaft in transparentes magisches Licht. Jetzt könnte man die Bären im Oulanka-Nationalpark besuchen oder im Lemmenjoki mit Goldwaschen die Urlaubskasse aufbessern.

Mitternachtssonne bei Hämeenlinna

Anfang September explodiert Lappland dann förmlich in den strahlenden Farben der *Ruska*-Zeit. Das ist der Moment, um auf eine der Felskuppen im Nationalpark Pallas-Ounastunturi zu steigen und Europas sauberste Luft zu atmen. Vom 821 m hohen Pallastunturi schweift der Blick über karge Berg- und Moorlandschaften, über blaue Seen und bunte Wälder. Vielleicht werden schon am nächsten Tag die ersten Schneeflocken des nahenden Winters die letzte große Wildnis unseres Kontinents wieder weiß überzuckern.

Aber gibt es in Finnland nur Landschaft? Von wegen! Im Sommer lassen die Finnen, wie es in der Landessprache so schön heißt, »die Mücken tanzen«. Helsinki blendet Besucher mit der opernwürdigen Klassizismuskulisse des Senatsplatzes und fesselt mit bahnbrechender Avantgardearchitektur, modernem Design bis in die Zehenspitzen, aber auch mit einem ziemlich abgefahrenen Nachtleben, schräges Kaurismäki-Feeling inklusive. Auf dem Kauppatori-Markt breiten Finnlands Bauern im Sommer ein Füllhorn heimischer Delikatessen aus, und gleich neben der Markthalle verkaufen Fischer am Kai fangfrische Meerestiere direkt vom Kutter aus.

Ausgesprochen jung und lebendig präsentiert sich auch das alte Turku. Schließlich durfte es sich 2011 im Glanz einer Kulturhauptstadt Europas sonnen. Längere Städteaufenthalte aber weiß Finnlands Natur mit Erfolg zu boykottieren. Vor Turku wartet die herrliche Schärenwelt des Südwestens. Mit Kanu und Fahrrad könnte man hier tagelang von Insel zu Insel hüpfen, in lichten Nächten sein Zelt aufschlagen und auf den besonders sonnigen Åland-Inseln den nordischen Sommer vertrödeln. Worauf warten Sie noch?

Eine Eisschicht hält niemanden vom Schwimmen ab – man nennt es einfach »Eisbaden«

WAS STECKT DAHINTER?

Die kleinen Geheimnisse sind oftmals die spannendsten. Hier werden die Geschichten hinter den Kulissen erzählt.

MÜCKEN IM MÖKKI?

Sie sind die kleinen Teufelchen im finnischen Naturparadies, die *hyttynen* genannten Mücken, die allerdings stets äußerst zahlreich in der Pluralform als *hyttyset* in Erscheinung treten. Und natürlich hält ein Finne den Rekord im Mückenschlagen. Tatsache ist, in Lappland sind die Myriaden von Mücken gieriger als ihre Schwestern im Süden, aber sie haben ja auch nur einen guten Monat Zeit. Zur wunderschönen *Ruska*-Zeit sind sie längst wieder weg. Im karelischen Seenparadies kommt es drauf an. Finnische Mücken lieben hohes Uferschilf, je sumpfiger die Landschaft, desto besser. Aber sie mögen keinen Wind. Noch gemeiner sind Kriebelmücken, die sogar durch T-Shirt und Hose stechen. Da helfen nur Moskitonetze, weite Tarnkleidung und OFF, das tatsächlich wirkende finnische Mückenmittel. Im Süden auf den Schäreninseln und in den Städten sind Mücken kein Problem.

DER SCHWEIGSAME FINNE

»Das Volk schweigt in zwei Sprachen«, heißt es in Brechts »Herr Puntila«. Damals gab es allerdings noch keine Handys, die das Klischee ad absurdum führen. Es mag schon sein, dass ältere Menschen auf dem Land die vielen Vokale der finnischen Sprache sparsam gebrauchen, aber eigentlich wählt man nur seine Worte mit Bedacht und lässt Überflüssiges weg. Und das Meiste ist nun mal überflüssig! In der Sauna tauen übrigens auch die schweigsamsten Finnen schnell auf.

SISU ODER DIE KUNST DER BEHARRLICHKEIT

Die Finnen sind zutiefst davon überzeugt, dass nichts ihren Charakter besser beschreibt als das eigentlich unübersetzbare Wort *sisu*. Frei interpretiert bedeutet es in etwa »verbissene Energie« oder »Ausdauer«, eine Eigenschaft, die das finnische Volk in seinen langwierigen und erbitterten Kämpfen um die Unabhängigkeit stets gut gebrauchen konnte. Sich nach Tiefschlägen aufzurappeln, niemals aufzugeben, auch wenn die Chancen noch so schlecht stehen, wie etwa im Winterkrieg gegen die schier übermächtigen Truppen Stalins, das ist *sisu*. Die Dinge aus eigener Überzeugung zu tun und nicht deshalb, weil ein Nachbar etwas denken oder sagen könnte, auch das ist *sisu*. Und wenn die finnische Eishockeymannschaft trotz aussichtslosem Rückstand dem schwedischen Erzrivalen einen hartnäckigen Kampf bis zur Schlussminute liefert, dann werden die Kommentatoren natürlich ebenfalls als Erklärung das finnische *sisu* bemühen.

50 DINGE, DIE SIE ...

Hier wird entdeckt, probiert, gestaunt, Urlaubserinnerungen werden gesammelt und Fettnäpfe clever umgangen. Diese Tipps machen Lust auf mehr und lassen Sie die ganz typischen Seiten erleben. Viel Spaß dabei!

... ERLEBEN SOLLTEN

1 Sommer auf Finnisch Sommerhausleben statt am See einmal in der Schärenwelt im Meer. Spezialist für Insel-*Mökkis* im Archipel ist www.suomensaaristovaraus.fi, der größte Ferienhausanbieter des Landes ist www.lomarengas.fi.

2 Saunakultur Publicityscheuer Geheimtipp ist die direkt am Wasser in Hakaniemi gelegene Kulttuurisauna ▮ d1, eine der wenigen öffentlichen Saunen von Helsinki. Sie kombiniert Schwitzen mit Kultur (www.kulttuurisauna.fi).

3 Das Eis brechen Mit dem Eisbrecher Sampo die dicke bottnische Eisdecke zu durchfurchen ist ein Erlebnis. Start und Ziel ist Kemi › S. 137 (www.experience365.fi, › Icebreaker Sampo Cruises, ab 205 €/Pers.).

4 Inselhüpfen mit dem Fahrrad Durch die Schärenwelt vor Turku › S. 96 führt der Archipelago Trail, ein Netzwerk aus durch Kettenfähren *(lossi)* miteinander verbundenen Straßen. Viertägige Radtouren organisiert z. B. Västergård Outdoors ▮ A8 (Gyttjavägen 29, Nagu, Tel. 040-586 1317, www.nagu.net/vastergard, Tagesmiete 15 €, E-Bike 40 €).

Ein *Mökki* mit Saunahütte und Ruderboot ist eine finnische Institution

5 **Im Galopp durch die Wildnis**
Im September, wenn Lappland in den Farben der *Ruska* erglüht, sind Reitausflüge rund um den Inari-See › S. 141 besonders schön. Touren organisiert z. B. Ridenorth  C1 (Kotiniemi, Inari, Tel. 0400-814 424, www.ridenorth.fi, ab 65 €).

6 **Europas einzige Amethyste** In der Amethystmine › S. 140 bei Luosto können Sie auf die Suche nach dem violetten Kristall gehen, dessen Farben an eine winterliche Morgenstimmung in Lappland erinnern. Pro Ticket dürfen Sie ein gefundenes Exemplar behalten!

7 **Huskysafaris in Lappland** Auf Ausfahrten durch den Nationalpark Pallas-Yllästunturi › S. 138 kommen Nordlichtfans besonders im Januar auf ihre Kosten, längere Expeditionen fährt man eher im etwas »wärmeren« März (Äkäskero Nature Resort, Lahenrannantie 3, Muonio, Tel. 050-551 0907, www.akaskero.com, Halbtagestour 185 €, Tagestour (6 Std.) 290 €/Pers.).

Eine Fahrt mit dem Hundeschlitten

8 **Schärenpaddeln bei den Åland-Inseln** Pausen auf sonnenwarmen Felsen, Schwäne und Wildgänse beobachten, einsame Inseln zu Fuß erkunden und am Abend das Zelt aufschlagen: Erholung pur! Kanus verleiht RO-NO Rent A8 (Österhamn/Västerhamn, Mariehamn, Tel. 018-128 20, www.rono.ax, 40 €/Tag).

9 **Zu Ringelrobben segeln** Die seltene Saimaa-Ringelrobbe gibt es nur in Finnlands größtem See, dessen verzweigte Wasserwege am besten auf einer Segeltour zu erkunden ist. Ein Boot chartern können Sie z. B. bei Saimaacharter D7 (Kiurunkatu 15, Savonlinnna, Tel. 0400-673 055, www.saimaacharter.com).

10 **Nass und aufregend** Whitewaterrafting auf den Flüssen Oulanka und Kitka? Das Basecamp Oulanka D4 bietet alles, was Sie brauchen (Myllykoskentie 30, Kuusamo, Tel. 0400-509 741, www.basecampoulanka.fi).

11 **Spritztour ins Mittelalter** Die Hauptstadt Estlands ist Weltkulturerbe und mit der Fähre in nur zwei Stunden zu erreichen. Unter der Woche ist der Ausflug nach Tallinn entspannter, denn am Wochenende entern finnische Alkoholtouristen die Fähren (www.tallinksilja.de, ab 36 €/ Hin- und Rückfahrt).

... PROBIEREN SOLLTEN

12 Wildniswasser In Lappland einen Schluck aus einem glasklaren Gebirgsbach nehmen: köstlich!

13 Salmiakki Schwarz, rund und salzig ist die von Finnen heiß geliebte Salmiaklakritze. Kultig sind die dazugehörigen Dosen der Marke Sisu. In der Lebensmittelabteilung von Stockmann › S. 70 gibt es alle nur erdenklichen Lakritzvarianten.

14 Karelische Piroggen Frisch gebacken auf dem Markt in Joensuu › S. 124 schmecken *Karjalan Piirakka* am besten: flache Pasteten aus Roggenteig, die mit Milchreis oder Kartoffelpüree gefüllt und mit einer Portion *munavoi* – einer Mischung aus salziger Butter und hart gekochten Eiern – serviert werden.

Piirakka mit *munavoi* zum Frühstück

15 Kalakukko Der »Fischhahn«, die Spezialität der Region Savo, besteht in Wahrheit aus in Brot eingebackenem Fisch. Sehr lecker auf dem Markt von Savonlinna › S. 122 oder bei Stockmann in Helsinki. Idealer Proviant für Kajaktouren!

16 Quietschkäse In jedem Supermarkt gibt es *Leipäjuusto,* einen runden Käse mit etwas angebrannt wirkender Oberfläche. Er wird aus dem Kolostrum gemacht, der ersten Milch der Kuh nach dem Kalben, und »quietscht« zwischen den Zähnen. Finnen essen ihn mit Moltebeeren.

17 Zimtschnecken Warum sie *korvapuusti* (Ohrfeigen) heißen, weiß niemand so genau, doch es gibt wohl kaum eine Bäckerei, wo man die mit einer Zimt-Kardamom-Zucker-Butter-Mischung gefüllten Hefeteigschnecken nicht bekommt.

18 Bier – do it yourself *Kotikalja* (Heimbier) heißt das traditionell selbst gemachte, schwach alkoholhaltige (0,5–1 %) Gebräu aus Wasser, Malz, Zucker und Hefe. Es darf auf keinem großen Fest fehlen. Die Grundsubstanz zum Zu-Hause-Nachbrauen gibt es in jedem Supermarkt zu kaufen.

19 Erbsensuppe Ganz Finnland isst donnerstags *Hernekeitto.* Probieren Sie diese Erbsensuppe mal auf dem Markt in Hämeenlinna › S. 88, verfeinert mit einem saftigen Schlag Senf. Danach gibt es Pfannkuchen mit Erdbeermarmelade.

Frischer als hier kann Fisch nicht sein

20 **Sapas** Diese finnischen Tapas sind eine Spezialität im Juuri › S. 55, einem innovativen kleinen Restaurant in Helsinki. Schon mal geräuchertes Rentierherz oder Frikadellen aus Bärenfleisch probiert?

21 **Nordlandfleisch** Ob als Braten, geräuchert oder luftgetrocknet: Ren schmeckt einfach köstlich. Probieren? Im sámischen Restaurant Laanilan Kievari in Saariselkä › S. 141 (Rovaniementie 3410, Tel. 0400-239 868, www.laanilankievari.fi).

22 **Kleine Beute** Felchen/Renken kann man im See selbst fangen. Wenn sie klein genug sind, braucht man sie nicht mal auszunehmen, bevor man sie am Lagerfeuer auf einen Stock gespießt grillt.

... BESTAUNEN SOLLTEN

23 **Kirchenschiff** Die in Form eines umgedrehten Bootsrumpfes mit kupfernem Fischschuppendach gestaltete ökumenische Kunstkapelle auf der Insel Hirvensalo 📖 A8 ist ein Wallfahrtsort für Freunde moderner Architektur (Seiskarinkatu 35, Turku, www.taidekappeli.fi).

24 **Lichtspiele** Die Nordlichter am Himmel von Lappland muss man nicht frierend im Schnee verfolgen. Das Kakslauttanen Resort unweit des Fjällgebiets Saariselkä 📖 C2 80 km südlich von Inari bietet Iglus mit Wärmeschutzverglasung, durch die Sie ins Bett gekuschelt den Tanz der Aurora borealis verfolgen können (www.kakslauttanen.fi).

25 **Auf Eis gelegt** Schon 25 Jahre gibt es das ganz aus Eis und Schnee gebaute Lumilinna › S. 137 in Kemi. Dort übernachtet man in kuscheligen Schlafsäcken auf Eisbetten.

26 **Lappland in Pastell** Einfach magisch ist im Februar der Blick bei Sonnenauf- und -untergang vom Berg Pyhätunturi › S. 144, wenn die tiefstehenden Sonnenstrahlen die Winterlandschaft in unwirklich zarte Rosa- und Orangetöne tauchen.

27 **Nationalvogel** Die finnische Mythologie besagt, dass aus den sieben Eiern eines Singschwans die Welt entstanden sei. Die seltenen Vögel mit dem melodischen Gesang sind auf der finnischen 1-Euro-Münze abgebildet.

Meditativer Innenraum der Kamppi-Kapelle

28 **Finnlands bäuerliche Seele** Eine kurze Bootsfahrt von Helsinkis Kauppatori › S. 64 entfernt, bewahrt auf der Insel Seurasaari das größte Freilichtmuseum des Landes die bäuerlichen Traditionen (immer betretbar, Häuser Mai–Aug. tgl. 11–17 Uhr geöffnet, www.seurasaarisaatio.fi).

29 **Kapelle der Stille** Im Zentrum von Helsinki fasziniert die Kamppi-Kapelle mit ihrer atemberaubenden Avantgardearchitektur: ein organisch geformter, fensterloser Baukörper ganz aus Holz, gedacht für einen Moment der Stille für jedermann mitten auf dem belebten Narinkkatori-Platz █ a3.

30 **Bilderbuch der Gläubigen** In der mittelalterlichen Steinkirche der südfinnischen Stadt Lohja █ B8 erzählen die farbenfrohen Seccomalereien aus dem frühen 16. Jh. von der Glaubenswelt der damaligen Zeit (www.visitlohja.fi).

31 **Ikonenschätze** Eine Besonderheit ist die in Westeuropa einmalige Kirchenschatzsammlung des Suomen ortodoksinen kirkkomuseo › S. 120 in Kuopio. Der Bestand wurde größtenteils aus karelischen Klöstern gerettet, die im Zweiten Weltkrieg an die Sowjetunion gefallen waren.

32 **Natur und Avantgarde** Finnlands vielfältige Natur in kühner, von den Erzählungen der Kalevala inspirierter Holzarchitektur präsentiert das Naturzentrum Haltia im Nationalpark Nuuksio █ B8, 35 km

Mit etwas Glück sieht man Singschwäne nicht nur auf der 1-Euro-Münze

nordwestlich von Helsinki. Die Hauptausstellung führt durch alle 39 finnischen Nationalparks, vom Lemmenjoki bis zum Ekenäs-Archipel (www.haltia.com).

... MIT NACH HAUSE NEHMEN SOLLTEN

33 **Eine Schere von Fiskars** Im idyllischen Dorf Fiskars 📘 A8 (www. fiskarsvillage.fi) haben sich über hundert Designer und Kunsthandwerker niedergelassen. Mitbringsel sind hochwertige Gartenwerkzeuge oder die berühmten Scheren mit den orangenen Plastikgriffen von Fiskars (www.fiskars.com).

34 **Ein Shirt von Marimekko** Jackie Kennedy sorgte dafür, dass das markante Textildesign von Marimekko auf der ganzen Welt Furore machte. Ideal zum Gucken ist der neu eröffnete Flagship-Store 📘 c3 in der Galleria Esplanad (Mikonkatu), günstig kauft man im Outlet › S. 69.

35 **Ein Vihta** Sich gegenseitig mit den typisch finnischen Birkenquasten eine entspannende Klopfmassage zu verabreichen, gehört zu den Ritualen eines Saunagangs. Ins Aufgusswasser gelegt verströmen *Vihtas* ihren unverwechselbaren Duft. Man findet Birkenreisig auch fertig gebunden auf den Märkten – ideal für die Sommerhaussauna!

36 **Eine Leinendecke von Lapuan Kankurit** Die natürlich gefärbten Woll- und Leinentextilien aus Lapua im westfinnischen Südösterbotten sind von der finnischen Flora und Fauna inspiriert. In Helsinki sind sie im Haus Govinius  d3 zu finden (Pohjoisesplanadi 9, www.lapuan kankurit.fi).

37 **Designklassiker** Funktionale, dabei aber wunderschöne Möbel führt der Flagship-Store von Atek in der Keskuskatu 1B in Helsinki, www.artek.fi ▌b3.

38 **Ein Messer von Marttiini** Nicht nur von höchster Qualität, sondern auch Sammlerstücke! Die aktuelle Kollektion mit Schneekristallverzie-rungen ist eine Hommage an den finnischen Winter. Ab Werk in der Vartiokatu 32, Rovaniemi, www.marttiini.fi ▌B3.

39 **Weltberühmte Vase** Im Flag-ship-Store von Iittala ▌c3 (Pohjoisesplanadi 25, Helsinki) finden Sie den Designklassiker von Alvar Aalto. Günstiger ist sie natürlich im Fab-rikverkauf in Iittala › S. 87.

40 **Ein verträumtes Sommerkleid von Ivana Helsinki** Die Leichtigkeit eines hellen finnischen Sommers spiegelt sich in den beschwingten Kreationen von Paola Ivana Suho-nen. Fündig werden Sie bei Ivana Helsinki ▌b4 (Uudenmaankatu 15, Helsinki, www.ivanahelsinki.com).

Glas aus Iittala in charakteristisch skandinavischem Design, schlicht und schön

41 Einen Wandteppich von Ryijy-palvelu *Ryijy* heißen die handge-webten Wandteppiche aus Wolle. Das Personal bei Ryijypalvelu 🔲 a4 kennt die besondere Geschichte, die in den jeweiligen Mustern steckt, deren Tradition bis auf das 18. Jh. zurückgeht (Abrahaminkatu 7, Helsinki, www.ryijypalvelu-rp.fi).

42 Samimotive Ein kleines Stück Lappland nehmen Sie mit einem Schmuckstück von Hetta Silver › S. 139 mit nach Hause, verziert z. B. mit Symbolen, wie sie auf den alten Schamanentrommeln der Sami zu finden sind (Rivihalli 1, Enontekiö, www. hettasilver.com).

43 Eine Jacke im Poppana-Web-stil Die Blazer und Mäntel von An-nikki Karvinen 🔲 c3 sind nicht nur kuschelig warm, sondern sehr ele-gant (Pohjoisesplanadi 23, Helsinki, www. annikkikarvinen.fi).

... BLEIBEN LASSEN SOLLTEN

44 Das Jedermannsrecht miss-brauchen Achten Sie darauf, mit Zelt oder Lagerfeuer diskret Ab-stand von Häusern zu halten. Sie dürfen Beeren und Pilze pflücken, Angler benötigen aber in der Regel eine Erlaubnis › S. 35.

45 Ins Wort fallen Finnen gelten als eher schweigsam. Und wenn sie dann reden, kann das langsam und bedächtig ausfallen. Ausreden las-sen – alles andere gilt als unhöflich.

46 Kimi Räikkönen imitieren Hal-ten Sie die Geschwindigkeitsbe-grenzungen streng ein. Die Finnen sind fair genug, vor Blitzern zu war-nen. Wer trotzdem zu schnell fährt, für den kann es teuer werden, denn Bußgelder werden einkommensab-hängig berechnet. In Lappland wird nicht geblitzt, aber Rentiere und El-che auf der Schotterpiste mahnen auch so zur Disziplin.

47 Unpünktlich sein Wer mit Ein-heimischen verabredet ist, sollte wirklich pünktlich kommen und schon bei kleinen Verspätungen kurz zum Handy greifen.

48 Privatsphäre stören Gucken Sie nicht neugierig in Höfe und Gärten, schon gar nicht in Fenster. Wer bei Wanderungen zufällig auf ein Privatgrundstück gerät, sollte sich notfalls mit einem höflichen *anteeksi* entschuldigen!

49 Einen Saunabesuch ausschla-gen Die Ehre einer Einladung zum gemeinsamen Saunieren auszu-schlagen, löst bei den saunaverrück-ten Finnen Befremden aus. Akzep-tierte Ausreden sind gesundheitliche Gründe.

50 Angst vor dem kalten Winter haben Finnlands Kälte ist fast im-mer knackig trocken, und warm eingepackt sind die tiefen Tempera-turen bestens auszuhalten, selbst in Lappland. Außerdem sind die kur-zen Tage oft sehr sonnig, was zu zauberhaften Lichtstimmungen in verschneiten Landschaften führt.

Die Abendsonne taucht das klassizistische Ensemble des Senatsplatzes von Helsinki in magische Pastellfarben

REISEPLANUNG
& ADRESSEN

DIE REISEREGION IM ÜBERBLICK

»Das Land der Tausend Seen« wird Finnland häufig genannt – und so erlebt man es Tag für Tag, hundertfach, tausendfach, denn mehr als 188 800 Seen hat das Land.

Knapp 4400 Quadratkilometer groß ist die Saimaa-Seenplatte im Südosten

Seen und Wälder, die Schärenlandschaft der Küste, Lapplands weite Wildnis … es ist die Natur, die viele nach Finnland zieht. Die Farben der Flagge symbolisieren die Naturverbundenheit der Finnen: Blau und Weiß wie Wasser und Schnee, wie der Himmel im Sommer oder an klaren Wintertagen.

Aber Finnland ist auch urban. Die Hauptstadt **Helsinki** hat sich seit den 1990er-Jahren rasant zu einer europäischen Trendmetropole entwickelt – und dennoch bietet sie unberührte Natur und Wandermöglichkeiten nur 25 km von der Innenstadt entfernt im Nationalpark Nuuksio. Architektonisch steckt Helsinki voller Originalität. Dort trifft urfinnische Nationalromantik auf zeitgenössische Kultur. Design, Technologie, Mode, Kunst und Musik: Dies alles ist das Helsinki von heute. Eine intime Metropole.

In **Südfinnland** und an der **Westküste** erlebt man Landschaften, die einen spontan »Typisch finnisch!« denken lassen: rote Holzhäuser, malerische Küsten oder alte Stadtkerne wie der von Rauma. Wasser ist überall gegenwärtig. Städte wie Turku, Tampere oder Lahti erlangten Bedeutung durch ihre Lage an Seen oder am Meer. Einzigartig sind die autonomen **Åland-Inseln**. Mit dem Fahrrad unterwegs, taucht man ein in eine farbenfrohe Inselwelt, die den Alltag schnell vergessen lässt.

Die **Finnische Seenplatte** und **Karelien** sind Gebiete, in denen der Traum von einem Sommerhäuschen, dem *mökki*, auf der eigenen Insel mit eigenem Boot und Sauna und vor allem viel Privatsphäre zu verwirklichen ist. Karelien und Kainuu sind außerdem aufs Engste mit Elias Lönnrots Nationalepos Kalevala verknüpft. Dort, wo es eigentlich nur Wald gibt, entdeckt man die Ursprünge der finnischen Kultur, denn – so heißt es – die finnische Seele lebt immer noch im Wald, auch wenn der Körper der modernen Finnen in die Stadt gezogen ist.

Für Wanderer ist **Lappland** ein Traum, Europas letzte Wildnis mit Bären, Elchen und Rentieren. Luchs, Fuchs und Wölfe haben hier eine Heimat. Unvergessliche Eindrücke hinterlassen die Weite der Landschaft und die leuchtenden Farben der *Ruska,* der Herbstzeit, die früher als im Süden einem Winter endloser Schneeweiten weicht. Wer hier reist, muss Zeit mitbringen. Nicht weil es so viel Verkehr gäbe – auf etwa 30 % der Fläche Finnlands leben nur rund 3 % der Bevölkerung –, sondern weil die Natur so entspannend wirkt: Hier hat man keine Lust auf Tempo, hier macht die Seele Urlaub.

🐟 NACHTLOSE NÄCHTE & DIE MAGIE DER NORDLICHTER

Wer nie die sonnenlose Zeit erlebt hat, wird die Freude über die hellen Sommernächte nicht verstehen. Wenn in Nordfinnland die Sonne unentwegt über dem Horizont steht und im Süden nur wenige Stunden Dämmerlicht den Tag vom Tag trennen, dann holt die Natur eilends winterliche Rückstände auf.

Zum Johannisfest lodern auf den Inseln, an Fluss- und Seeufern Feuer, die eine reiche Ernte beschwören sollen. In Utsjoki, Finnlands nördlichstem Ort, weilt die Sonne vom 17. Mai bis zum 28. Juli über dem Horizont. 50 Tage jedoch geht sie während *Kaamos,* der Zeit winterlicher Dunkelheit, nicht auf. Drei Tage dauert etwas nördlich des Polarkreises die längste Nacht, die Weihnachtsnacht.

Ein bizarres Naturschauspiel sind die Nordlichter, tanzende farbige Schleier. Für die Sámi waren es die Geister der Toten, die »Feuerwerke am bitterkalten Polarhimmel« entzünden. Wissenschaftler erklären sie nüchtern physikalisch: Protonen und Elektronen, die von der Sonne ausgestoßen und von den Magnetpolen der Erde angezogen werden, lassen beim Auftreffen auf die oberen Atmosphäreschichten Stickstoff- und Sauerstoffpartikel erglühen.

KLIMA & REISEZEIT

Seine Zugehörigkeit zur Schnee- und Waldzone beschert Finnland eisige Winter und warme Sommer. Selbst in Lappland klettert das Thermometer im Sommer zuweilen auf 30 °C.

Der Sommer in Südfinnland bringt Nordeuropas höchste Durchschnittstemperaturen, die es durchaus etwa mit denen der Niederlande aufnehmen können. Die tiefsten Wintertemperaturen liegen im Norden unter -30 °C; im Februar herrschen Temperaturen von -30 bis -15 °C. Die trockene Luft macht dort tiefe Frostgrade erträglich, die Hauptstadt Helsinki jedoch kann in den Übergangsjahreszeiten unangenehm feuchtkalt sein.

Mit Regenschirmen macht man in Finnland kaum Geschäfte: Es regnet weniger als in Mitteleuropa, doch die weltweite Klimaerwärmung macht das Wetter unbeständiger und milder. 30–40 % der Niederschläge gehen im Winter als Schnee nieder.

Eine durchgehende Schneedecke von November bis April garantieren nur noch die nördlichen Landesteile. Der nordische Frühling beginnt spät, meistens erst im Mai, aber kraftvoll. Als beste Reisezeit für Wintersportler gelten die Wochen von Mitte März bis Ende April, während Juni und Juli schönsten Finnlandsommer verheißen. Insbesondere im Juli, aber auch in der ersten Augusthälfte können stabile Hochdruckwetterlagen für bestes Sommerwetter sorgen. Ab Mitte August sind dann auch Finnlands Plagegeister, die Mücken, weitgehend verschwunden.

Herbstliches Farbenspiel bezaubert besonders in Lappland, wenn der erste Frost nach den Blättern greift und die Natur in ein Meer von Gelb über Lila bis Feuerrot taucht. *Ruska* nennen die Finnen diese Zeit der magischen Laubfärbung, die im September binnen weniger Tage einsetzt und den Finnen als melancholischer Abschiedsgruß an die langen Sommertage gilt. › S. 138.

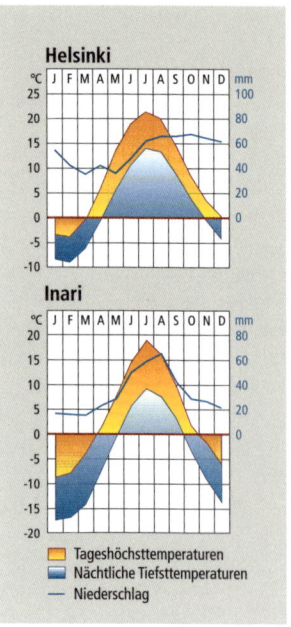

ANREISE

MIT DEM FLUGZEUG

Von Deutschland, Österreich und der Schweiz bestehen gute Linienverbindungen nach Helsinki (www.finnair.com; www.lufthansa.com, www.easyjet.com). Ryanair bietet Flüge von Bremen nach Tampere an (www.ryanair.com/de). KLM fliegt von deutschen Flughäfen über Amsterdam, Air France über Paris und SAS über Stockholm nach Helsinki. Air Baltic fliegt von Berlin, München, Frankfurt, Düsseldorf und Zürich über Riga nach Helsinki (www.airbaltic.com).

MIT BAHN UND SCHIFF

Am bequemsten ist die Zugreise über Hamburg, Kopenhagen und Stockholm mit Fährverbindung nach Turku. Im Sommer verkehren täglich Tag- und Nachtzüge von Berlin über Malmö nach Stockholm. In Stockholm bringen Sie U-Bahn oder Taxi zu den Fährhäfen (Värtahamnen für Tallink Silja Line; Stadsgården/Tegelsvikhamnen für Viking Line). Turkus Hafen bietet den Bahnanschluss nach Helsinki, Nordostfinnland und Lappland (Rovaniemi und Kemijärvi). Die Reedereien gewähren Senioren, Schülern, Studenten und Inhabern von Interrail-, Eurail- und Scanrail-Tickets Preisnachlässe.

MIT AUTO UND SCHIFF

Finnlines (www.finnlines.de) verkehrt täglich von Travemünde nach Helsinki (Fahrtzeit ca. 28 Stunden). Tallink Silja hat seine Fährverbindungen zwischen Deutschland und Skandinavien (auch Finnland) ganz eingestellt. Die Preise schwanken saisonabhängig. Eine Reservierung lange im Voraus ist sehr ratsam.

Beliebte Routen führen über Dänemark und/oder Schweden. Man kann mit dem Auto nach Dänemark fahren und über die großen Brücken nach Malmö und weiter durch Schweden nach Stockholm. Ferner verkehren Fähren z.B. von Rostock, Travemünde und Sassnitz nach Trelleborg (Schweden) und von Kiel ins schwedische Göteborg (TT Line, www.ttline.de; Scandlines, www.scandlines.de; Stena Line, www.stenaline.de). Von Südschweden fährt man weiter nach Stockholm (Trelleborg–Stockholm 650 km, Göteborg–Stockholm 485 km), wo die Fähren nach Turku oder Helsinki ablegen. Kooperierende Reedereien ermöglichen mit Kombitickets diverse Fährkombinationen.

Von Stockholm nach Helsinki und Turku verkehren Tallink Silja (www.tallinksilja.de) und Viking Line (www.vikingline.de), beide mit Zwischenstopp in Mariehamn (Åland) und ganzjährig mit bis zu zwei Abfahrten pro Tag. Die Fahrtzeit beträgt 9–17 Stunden, je nach Route und Art der Reise.

Neben den normalen Fähren gibt es eine Art Kreuzfahrtschiffe, die vor allem bei Finnen und Schweden für Mini-Urlaube auf der Ostsee beliebt sind. Die Zeit an Bord genießt man mit Essen vom Büfett, Shows und Disco.

Von Umeå in Mittelschweden bietet Wasaline (www.wasaline.com) täglich Verbindungen nach Vaasa (Fahrtzeit ca. 4 Stunden).

Wer den Norden Lapplands und das Gebiet der Finnmark (Grenzregion Finnland/Norwegen) zum Ziel hat, mag den Landweg auf der E 4 durch Schweden erwägen. Die lange Fahrt kann reizvoll sein, wenn man Zeit hat – und Freude an schönen Naturlandschaften. Etwa 1020 km trennen Stockholm vom Grenzübergang Haparanda/Tornio › S. 137.

Die Via Baltica ist die abenteuerlichste Möglichkeit, nach Finnland zu reisen. Die Kombination aus Landweg und Fähre führt über Grodno in Weißrussland, Vilnius, Riga und Tallinn. Dort legen täglich Personen- und Autofähren nach Helsinki (u. a. Tallink Silja Line, Viking Line) ab. Von St. Petersburg erreicht man die finnisch-russischen Grenzübergänge Vaalimaa oder Nuijamaa (südöstlich von Lappeenranta). › mehr S. 13 Punkt ⓫

REISEN IM LAND

MIT DEM FLUGZEUG
Die nationalen Netze von Finnair (www.finnair.com) und SAS (www.flysas.com) sind sehr dicht. Beide Airlines haben oft Sonderangebote.

MIT DER BAHN
Finnlands Schienennetz umfasst etwa 6000 km, ist aber nur im Süden engmaschig geknüpft. Dennoch ist Lappland bequem per Bahn erreichbar, auch mit Autoreisezügen; die Fahrt Helsinki–Rovaniemi dauert etwa 10 Stunden. In den Nachtzügen zwischen Helsinki, Turku und Tampere im Süden sowie Oulu und Rovaniemi im Norden kann man bequem 1000 km zurücklegen.

Mit dem Ein-Land-Pass des Interrail-Tickets (Preisgruppe III) können Sie landesweit an drei (121 €), vier (146 €), sechs (190 €) oder acht (229 €) Tagen innerhalb eines Monats beliebig oft fahren. Wer auch mit der Bahn anreist, fährt gut mit einem Global-Pass (ab 269 €). Junge Leute unter 28 Jahren und Senioren ab 60 Jahren fahren günstiger (auch 1. Klasse).

MIT DEM BUS
Finnlands Fernbusnetz (www.matkahuolto.fi/en) überzieht flächendeckend das Land. Wegen ihrer flexibleren Streckenführung, die auch kleinere Orte einbezieht, sind die Nord-Süd-Linien (z. B. Helsinki–Jyväskylä–Oulu–Rovaniemi) oft der Bahn vorzuziehen. Die Preise sind etwas günstiger als jene der Bahn, die Streckennetze der Privatbetreiber aufeinander abgestimmt.

MIT DEM SCHIFF

Das gewässerreiche Land besitzt zahlreiche Fährverbindungen. Viele Schiffsreisen ähneln eher Ausflugsfahrten, zumal sie meist nur zur Hauptsaison (Mitte Juni–Mitte Aug.) angeboten werden. Zudem reizen Nostalgiefahrten auf Dampfschiffen oder Raddampfern. Im Schärengebiet verkehren kleine Inselfähren. Die gelben Fähren pendeln kostenlos zwischen den Hauptinseln, die weißen zu den Außeninseln kosten nur wenige Euro.

Mit der Fähre nach Finnland reisen

MIT DEM AUTO

Die Hauptstraßen sind asphaltiert, Nebenstraßen im Hinterland nur zum Teil, in der Regel sind sie aber gut befahrbar. Alle wichtigen Durchgangsstraßen sind mit weißen Ziffern nummeriert (Europastraßen auf grünem, Fernstraßen auf rotem, alle übrigen Straßen auf blauem Grund).

Führerschein und Kraftfahrzeugschein sind mitzuführen. Ausländische Fahrzeuge müssen ein Nationalitätskennzeichen haben. Die Grüne Versicherungskarte im Handschuhfach ist nützlich, aber nicht vorgeschrieben.

Die zulässige Höchstgeschwindigkeit beträgt in geschlossenen Ortschaften 50 km/h (in Städten gilt meist Tempo 40, unbedingt auf die Schilder achten), auf Landstraßen meist 80 km/h (auf ausgeschilderten Einzelstrecken 100 km/h), auf Autobahnen 100 km/h (Sommer 120 km/h). Wohnwagengespanne dürfen maximal 80 km/h, Wohnmobile neueren Datums 100 km/h (sonst nur 80 km/h) fahren.

Außerhalb geschlossener Ortschaften müssen alle Fahrzeuge auch tagsüber mit Licht fahren. Es besteht allgemeine Gurtpflicht. Die Promillegrenze liegt bei 0,5 ‰.

Verkehrsordnung und -zeichen entsprechen weitgehend jenen in Mitteleuropa. An Kreuzungen gilt immer rechts vor links; in Ortschaften genießen nur sehr wenige Straßen Vorfahrt (gelbes Dreieck mit rotem Rand bedeutet »Vorfahrt achten«). In manchen Städten haben Busse und Taxis eigene Fahrbahnen, die andere Fahrzeuge nur für das Einordnen zum Abbiegen nutzen dürfen. Vorsicht, wenn Schilder vor Wildwechsel warnen! Elche und Rentiere überqueren oft, vermehrt in der Dämmerung, die Straßen. Bei Zusammenstößen mit Wild ist sofort die Polizei zu informieren (Notruf 112, auch für den ärztlichen Rettungsdienst).

SPORT & AKTIVITÄTEN

Wo so viel Natur rundum ist, da zieht es die Menschen hinaus. Im Sommer hält man es eher mit Wassersport und Angeln, im Winter nutzt man die stadtnahen, gut beleuchteten und gespurten Langlaufloipen in herrlicher Winterlandschaft.

WANDERN

Finnlands Natur hautnah erleben heißt: wandern. Im Süden herrschen weite Wälder vor, die tiefblaue Seen säumen. Richtung Mittel- und Ostfinnland zeigt sich die Natur zusehends rauer, die Seenlandschaft geht über in Sumpf- und Moorgebiete. In Lappland lichtet sich der Wald, und von baumlosen Bergkuppen schweift der Blick über die Wildmark. Ein schier endloses Netz markierter Routen, Naturpfade und Skiwanderwege durchzieht Finnlands zahlreiche Schutzgebiete und 39 Nationalparks. Überall stehen Wanderern Rastplätze, Hütten und Zeltplätze mit Feuerstellen oft kostenlos zur Verfügung.

Umfangreiche Infos von Trails bis hin zu Unterkünften und Karten bietet der Verband der Nationalparks **Metsähallitus** mit landesweit über 20 Infozentren, Telefonservice unter +358-2056 4125 (Mo–Fr 9 bis 16 Uhr) und der hervorragenden Website www.nationalparks.fi.

RADFAHREN

Zu Touren mit dem Drahtesel laden Südfinnlands alte Kulturlandschaften ein. Dort führt ein dichtes Netz von Seitenstraßen durch von der Zeit vergessene Ortschaften und zu versteckten Gutshöfen. Eine Radellandschaft wie aus dem Bilderbuch sind die Åland-Inseln, wo die Bikes mit auf die Fähren genommen werden können.

Die Miete für ein Fahrrad (inkl. Helm) beträgt ca. 20 €/Tag. In Helsinki vermietet **Greenbike** (Bulevardi 32, Tel. 050-550 1020, www.greenbike.fi) Fahrräder für Stadterkundungen. Die kostenlose Radwegekarte erhält man im Infobüro. Die Jugendherbergen › S. 35 bieten Pauschalen für Bett & Rad. Einen Boom erlebt derzeit das Mountainbiking.

REITEN

Die finnischen Pferde sind robuste Kaltblüter, die dennoch erstaunlich wendig und schnell sind. Küsten und Wälder bieten eine wundervolle Kulisse für Reittouren von einer Stunde bis zu mehreren Tagen. Für Tagestouren bezahlt man etwa 90 €. Die meisten Reiterhöfe findet man in Süd- und Mittelfinnland. International bekannte Veranstalter haben Touren in allen Landesteilen im Programm, u.a. auch auf der **Bärenrunde** in Lappland › S. 143.

ANGELN

Die großen Wasserareale sind ein unerschöpfliches Revier für Freizeit- und Sportangler. Angelfreunde sollten ihre Ausrüstung im Gepäck haben. Aber: Die Fischwasser werden laufend überwacht.

Angler zwischen 18 und 65 Jahren müssen eine staatliche Fischereiverwaltungsgebühr *(kalastuksenhoitomaksu)* in Höhe von 45 € je Kalenderjahr oder 15 € für 7 Tage entrichten (Stand 2018). Die zudem erforderliche Genehmigung *(viehekalastusmaksu)* vom Eigentümer des jeweiligen Gewässers bzw. der Verwaltungsregion (Gebühren in etwa in der Höhe der staatlichen Abgabe) erhält man in der Regel im örtlichen Fremdenverkehrsamt, bei einem Campingplatz oder Ferienzentrum. Lizenzen für die meisten in Staatsbesitz befindlichen Angelgebiete Ost- und Nordfinnlands erteilen die Büros der Forstverwaltungen vor Ort.

Ausführlich informiert die Internetseite des **Zentralverbands der Fischereiwirtschaft:** www.ahven.net/deutsch. › mehr S. 15 Punkt **22**

WASSERSPORT

Ein Wassersportparadies ist Finnlands Seenlandschaft mit ihren labyrinthischen, durch Flüssen und Kanälen vernetzten Gewässern. Zudem verwehren keine Verbotsschilder den Ruderern den Zugang zu Inseln und Seeufern.

Wer auf eigene Faust lospaddelt, findet sich selbst in Europas größter Seenplatte gut zurecht, dem **Saimaa-Gebiet** mit einem markierten Routennetz von 2000 km. Für Kanufahrten eignen sich im Binnenland die Gewässer der süd- und mittelfinnischen Seenplatte und die Wildmarkseen im Osten, der Umgebung von Kuusamo sowie in Lappland. Wildwasserkanuten finden alle Schwierigkeitsgrade und Meereskajakfahrer entdecken beste Reviere in den Schären vor der südwestfinnischen Küste und im **Åland-Archipel.** Das Leihen eines Kanus kostet ca. 40 € am Tag. › mehr S. 13 Punkt **8**

Auch beim Wandern trifft man immer wieder auf Seen, Ströme, Wasserfälle

TIMO IM AURORAFIEBER

Mit viel Geduld und ein paar Tipps vom Profi gelingen Fotos von unwirklicher Schönheit

»Sisu« lächelte Timo Halonen, als ich ihn fragte, was man denn vor allem braucht, wenn man Polarlichter fotografieren möchte. Wie recht er hatte! *Sisu*, das ist diese fast unübersetzbare finnische Nationaltugend, eine Hartnäckigkeit, mit der man sogar »durch grauen Granit gehen kann«, wie eine Redewendung besagt. Und ja, davon braucht man reichlich, wenn man stundenlang im Norden Lapplands – das in der Sprache der Urbevölkerung Sápmi heißt – bei minus 25 Grad im knirschenden Schnee steht und mit der Kamera im Anschlag auf Polarlichter wartet. Niemand weiß das besser als Timo, der dieser Leidenschaft schon seit über 25 Jahren verfallen ist und Traumbilder von der Aurora Borealis macht, die sogar den besten Profifotografen der Welt das Wasser in die Augen treiben.

FASZINATION DES NORDENS

Dem »Lapplandfieber« ist Timo erlegen, als er in Rovaniemi als Fremdenführer arbeitete, zu einer Zeit, als Winterreisen im Norden Finnlands noch als exotische Spinnerei galten. Doch in den letzten Jahrzehnten sind immer mehr Finnen aus dem Süden dem Charme des rauen Nordens erlegen. Oft haben sie sichere und gutbezahlte Jobs in Helsinki aufgegeben, um im einsamen Norden ihre Träume zu verwirklichen, ob als Huskyzüchter, Goldwäscher oder eben Nordlichtexperte wie Timo. Nicht nur die Leidenschaft für den kalten Norden eint sie, auch ein bewundernswerter Zusammenhalt. Als Nachbar gilt hier noch jemand, der 5 km entfernt wohnt. Wer Hilfe braucht, bekommt sie meist ungefragt, und mit dem auch in der entlegensten Wildnis funktionierenden Handy ist Unterstützung schnell herbei telefoniert.

Timo stellte seinen Lapplandtraum auf solide finanzielle Grundlagen, als er mit seiner Frau Anne im kleinen Rentierzüchterort Menesjärvi unweit des Lemmenjoki Nationalparks am Seeufer das Wildnishotel Korpikartano kaufte, eine ehemalige Grundschule der Sámi. Deren Kultur ist überall im Hotel gegenwärtig, denn Timo arbeitet eng mit dem Sámi Siida Museum am Inarisee zusammen. So kommt es, dass polarlichtbegeisterte Fotografen in Timos »Aurora Workshops« nicht nur Kameratechnik büffeln, sondern fasziniert den Mythen des uralten Jäger- und Fischervolks lauschen. »Wenn der Feuerfuchs mit seinem langen Schwanz Schnee aufwirbelt, wenn er über nackte Felsen streicht und Funken sprüht, dann erscheinen die Nordlichter«, erzählt ein alter Schamane, den Timo eingeladen hat.

WO BLEIBT DER FEUERFUCHS?

Aber der mythische *revuntulet* ist launisch. Manchmal kommt er einfach nicht, auch wenn Millionen Sterne der Milchstraße zum Greifen nahe scheinen. Am häufigsten tritt Aurora Borealis rund um die Tag- und Nachtgleichen auf, weiß Timo. Die herbstliche *Ruska*-Zeit liebt er besonders. Dann spiegeln sich die Polarlichter im noch nicht zugefrorenen See, und natürlich ist es auch noch nicht so kalt wie in der sonnenlosen *Kaamos*-Zeit. Oft muss Timo mit seinen »Aurorajägern« gar nicht weit fahren, zu einem seiner Lieblingsplätze, weit entfernt von jeder künstlichen Lichtquelle. Eine große Hilfe ist das Finnische Meteorologische Institut, denn das informiert per SMS über bevorstehende Polarlichterscheinungen. Nur ein bedeckter Himmel könnte jetzt noch zum Spielverderber werden. Die Profis stellen ihre Stative auf. Jetzt machen sich Timos Tipps bezahlt: Eine Kamera mit großem Sensor, ein lichtstarkes Superweitwinkelobjektiv, eine Offenblende von f/2.8, manuell auf einen hellen Stern fokussieren, Verschlusszeit zwischen 4 und 12 Sekunden, Drahtauslöser verwenden oder per App steuern, Blitz deaktivieren. Und natürlich nicht vergessen, auf den Auslöser zu drücken, wenn der Himmel in Spiralen, Bändern und Kaskaden explodiert und grüngelbe Feuerfuchsstrahlen konturenlose Schleier in Magenta und Orange durchzucken. Die Fotografen verkürzen die Belichtungszeiten. Die Kameras werden ohnehin mehr sehen als das menschliche Auge. Und spätestens jetzt hat es wieder zugeschlagen, das Polarlichtfieber – Diagnose: unheilbar.

- Hotel Korpikartano
  Meneskartanontie 71 | 99870 Inari
  Tel. 040-777 43 39 | www.korpikartano.fi

Vielerorts kann man River Rafting mit Flößen oder Schlauchbooten buchen. › mehr S. 13 Punkt ❿

Für Surfer und bei Törns mit dem Segelboot machen Finnlands helle Sommernächte und weite Wasserreviere den besonderen Reiz aus. Führender Kajakveranstalter ist **Natura viva**, www.naturaviva.fi, mit Bootsverleih in Vuosaari/Helsinki; Touren landesweit.

NORDIC WALKING

Zwei Drittel aller Finnen walken jede Woche regelmäßig. Erstmals wurde *sauvakävely*, was »mit den Stöcken gehen« bedeutet, Ende der 1990er-Jahre in Finnland präsentiert. Längst ist eine Trendsportart daraus geworden und fast alle Wandergebiete und Ferienregionen locken mit Walking-Strecken (örtlich auch Pauschalangebote). Wer gern walkt, kann einen Finnlandurlaub gut als Fitness-Reise nutzen (Infos: International Council of Nordic Walking in Rovaniemi, www.nordicwalkingcouncil.com).

WINTERSPORT

Der Skilanglauf ist im Winter Finnlands Breitensport Nummer eins (Volksskilauf Lahti › S. 50). Entsprechend reichhaltig gestaltet sich das Angebot von bestens präparierten Loipen und – wegen der von Oktober bis Februar sehr kurzen Tage – beleuchteten Strecken. Lappland bietet darüber hinaus Möglichkeiten für alpinen Skisport, z. B. in **Suomutunturi** › S. 144.

Skiwanderungen in den richtig kalten und dunklen Wintermonaten November bis Februar stellen hohe Anforderungen an die Kondition. Der April ist der beliebteste Monat für Touren, aber auch im Mai gestatten die nördlichen Fjäll-Regionen (baumlose Bergkuppen heißen im Schwedischen *fjäll*, im Finnischen *tunturi*) noch Aktivitäten im Schnee.

Safaris im Motor- und Rentierschlitten, Eislochangeln, Eisgolf und Eislaufmöglichkeiten in freier Natur runden das breite Wintersportangebot ab.

UNTERKUNFT

Wer typisch finnische Ferien in der Natur erleben möchte, findet auf der Seenplatte im Osten des Landes beste Bedingungen. Etwa 43 000 Ferienhäuser stehen im Saimaa-Seengebiet.

FERIENHÄUSER & -DÖRFER

Wer die sonnendurchfluteten Sommernächte in einer naturnahen Umgebung erleben will, sollte ein Ferienhaus *(mökki)* buchen › S. 120. Die mehr als 200 Feriendörfer und über 10 000 privaten Ferienhäuser liegen vorwiegend im süd- und mittelfinnischen Seengebiet. Zur Grundausstattung gehören neben Küchengeräten fast immer eine Sauna und bei Seelage ein Ruderboot.

Einkaufen kann man in zumeist auch sonntags geöffneten ländlichen Lebensmittelläden sowie bei Verkaufsautos und -booten.

Für ein Ferienhaus bezahlt man je nach Lage, Größe und Ausstattung pro Woche 300–1100 €. Angebote findet man online unter: www.lomarengas.fi, www.suomensaaristovaraus.fi, www.fintouring24.com, www.atraveo.de/finnland und www.fewo-direkt.de.

CAMPING

Die familienfreundlichen Campingplätze Finnlands bieten viele Freizeitaktivitäten im Grünen. Von den etwa 330 Plätzen im Finnischen Campingverband (erkennbar am blau-weißen Schild mit Zelt in einem »C«) verfügen 300 über Elektroanschluss. Alle unterliegen regelmäßiger Kontrolle und sind mit 1–5 Sternen klassifiziert. Die Hauptsaison, in der alle Plätze geöffnet haben, dauert vom Mittsommernachtsfest bis Ende Juli. Ganzjährig geöffnet sind 70 Plätze. Die Preise betragen 10–30 € pro Tag und Zelt oder Wohnwagengespann. Gasflaschen füllen oder wechseln kann man meist nur an Tankstellen. Butangas ist nicht erhältlich. Viele Plätze vermieten auch gemütliche Campinghütten.

Die **Camping Key Europe Card** (Jahresgebühr 2019 18 €) bietet Vergünstigungen auf rund 200 Plätzen. Sie ist auf den Plätzen selbst erhältlich, beim ADAC (dort 12 €, nur für Mitglieder) oder online über die **Finnish Campingsite Association,** www.camping.fi.

DESIGNHOTELS IN HELSINKI

- **Klaus K** b3 €€€
  Ein Klassiker. Dominant ist die Farbe Weiß, die an Schnee erinnert und moderne Stilelemente mit finnischer Natürlichkeit verbindet. Das Restaurant Toscanini serviert italienische Küche.
  Bulevardi 2–4
  Tel. 020-770 4700
  www.klauskhotel.com
- **Hotel Haven** c3 €€€
  Finnlands erstes Small Luxury Hotel of the World ist nostalgisch-opulent gestylt. 77 Zimmer teils mit Blick auf den Markt; Day Spa und eine behagliche Bar.
  Unioninkatu 17 | Tel. 09-681 930
  www.hotelhaven.fi
- **Hotel Glo Kluuvi** c3 €€€
  Im Stadtkern gelegen und groß, aber in den Zimmern heimelige Atmosphäre durch weiche Farbtöne und Holz; cooler Lounge-Schick in der Bar.
  Kluuvikatu 4 | Tel. 010-3444 400
  www.glohotels.fi/en/hotels/glo-kluuvi
- **Hotel Helka** €€€
  Es war 1928 der erste Backsteinbau im Stadtteil Kamppi, geplant von der Architektin Wivi Lönn. Das denkmalgeschützte Gebäude wurde 2006 saniert und mit Mobiliar von Alvar Aalto ausgestattet. Ausgefallene Naturbilder dienen als Dekoration.
  Pohjoinen Rautatiekatu 23
  Tel. 09-613 580 | www.helka.fi

💬 HAUT & SEELE ÖFFNEN

Der Saunagang ist in Finnland ein Ritual, allein, mit Familie oder Freunden

Kein anderes finnisches Wort ist in so viele Sprachen eingegangen wie *Sauna*. Wie der Film »Steam of Life« (Finnland 2010) sehr anschaulich zeigt, hat sich an den Grundzügen des Saunabadens – Duschen, Aufwärmen, Schwitzen, Waschen, Abkühlen – seit Jahrhunderten wenig geändert, auch wenn heute meist Thermostatöfen den holzbefeuerten Ofen ersetzen.

Nach wie vor ist die Sauna ein Ort, an dem man sich anständig zu betragen hat, so wie in der Kirche, sagt ein finnisches Sprichwort. Daher gehen Weiblein und Männlein getrennt in die Schwitzkammer, außer vielleicht im engsten Familien- oder Freundeskreis. Und die Sauna ist ein fester Bestandteil des Hauses wie Küche oder Bad. Über 1,7 Mio. davon gibt es in Finnland.

Wie sauniert man? Zunächst duschen, leicht abtrocknen und ab zum Schwitzen in die Kammer mit einer Temperatur um 80–100 °C. Die in der Regel geringe Luftfeuchtigkeit wird durch Aufgüsse reguliert. Dem Schwitzgang folgen Abkühlung im Wasser oder im Schnee und ein erneuter Saunagang. Nach Belieben kann man die Durchblutung durch Schlagen mit einem Birkenzweig anregen. Für Duftaufgüsse verwendet man gern Birke: Einfach einige Blätter im Aufgusswasser quellen lassen! Nach der letzten Dusche heißt es: ausruhen. › mehr S. 17 Punkt ㉟

Die Sauna bietet mehr als körperliche Reinigung: Wenn das Wasser auf die heißen Steine klatscht, der heiße Dampf einen leichten Schauer erzeugt und der Schweiß strömt, dann hat auch die Seele ihre Poren geöffnet. Eine Erfahrung, die finnische Politiker schon früher im harten Geschäft mit ihrem großen Nachbarn Russland exerzierten.

HOTELS & MOTELS

Die meisten Hotels bieten hohen Standard und sind vergleichsweise teuer. Stadthotels senken ihre Preise an Sommerwochenenden. Viele Hotels haben Restaurants, die für Hausgäste bis in die Nacht warme Speisen servieren. Gute Ketten sind:

- **Best Western:** www.bestwestern.com
- **Cumulus:** www.cumulus.fi
- **Sokos:** www.sokoshotels.fi
- **Laplandhotels:** www.laplandhotels.com
- **Gruppe der Privathotels:**
  www.privatehotels.fi (ca. 25 Häuser)

Preiswert sind die ganzjährig geöffneten **Omena Hotels** in Helsinki, Tampere, Vaasa, Turku und Jyväskylä (ab ca. 69 €/Zimmer für bis zu 4 Pers.).

- **Omenahotelli**
  Reservierung Tel. +358-(0)600-18018
  www.omenahotels.com

Motels liegen meist an Fernstraßen, doch stets in reizvoller Umgebung. Sie bieten durchschnittliche Ausstattung zu reellen Preisen. Die Atmosphäre ist recht nüchtern, aber man bleibt ja auch nur eine Nacht.

BAUERNHÖFE & HOSTELS

Gut 500 Bauernhöfe bieten außer Schlafplatz (mit Sauna) auch Freizeitaktivitäten wie Wandern, Angeln, Rudern und Reiten. Die Gäste können sich entweder selbst verpflegen oder an den Familienmahlzeiten teilnehmen. Etwa 40–50 € pro Person kostet die Übernachtung mit Frühstück. Informationen u. a. über www.visitfinland.de.

Rund 65 Hostels unterhält der **Finnische Jugendherbergsverband.** Die Übernachtung kostet je nach Lage und Komfort 20–50 €, in mehr als der Hälfte der Häuser weniger als 25 €. Interessante Pauschalen gibt es z. B. für Bett & Fahrrad für 7 oder 14 Tage.

- **Suomen Retkeilymajajärjestö**
  Yrjönkatu 38 B 15 | 00100 Helsinki
  Tel. +358-(0)9-565 7150
  www.hostellit.fi | www.hihostels.com

💬 JEDERMANNSRECHT

Die Finnen gewähren auch Besuchern das »Jedermannsrecht«: Ein jeder darf sich an Land und auf dem Wasser frei bewegen, sofern die Natur nicht geschädigt wird. Nur in Schonungen oder auf Privatgrundstücken muss man Erlaubnis einholen. Man darf 1–2 Tage ein Zelt oder Lager aufschlagen; auf Privatbereichen rund um Eigenheime, Ferienhäuser oder bewohnte Strände ist natürlich Rücksicht zu nehmen. > mehr S. 19 Punkt ❹❹

An dafür vorgesehenen Stellen in Wandergebieten kann ein Lagerfeuer entzündet werden, wenn keine Waldbrandgefahr besteht. Pilze und Waldbeeren dürfen gesammelt werden, wenn sie nicht unter Schutz stehen. Es ist jedoch streng verboten, Bäume zu fällen. Obwohl das Jedermannsrecht nicht in Nationalparks gilt, darf sich dort jeder unter Beachtung der Parkordnung frei bewegen. Ausgenommen vom Jedermannsrecht sind die Åland-Inseln.

Schlittensafari bei Sonnenschein
und trockener Kälte, dem typisch
nordischen Winterwetter

LAND & LEUTE

STECKBRIEF

- **Einwohner:** 5,52 Mio.
- **Bevölkerungsdichte:** 16 Einw./km²
- **Hauptstadt:** Helsinki 648 650 Einw.
- **Fläche:** 338 000 km²; davon 10 % Wasser, 68 % Wald, 6 % Ackerland
- **Höchster Berg:** Halti, 1328 m
- **Längster Fluss:** Kemijoki, 512 km
- **Landesvorwahl:** +358
- **Währung:** Euro
- **Sprache:** 90 % der Bevölkerung sprechen Finnisch, 5 % Schwedisch und rund 2600 Finnen in Lappland sprechen Sámisch

- **Religion:** 79,9 % der Finnen sind evangelisch-lutherisch, 1,1 % russisch-orthodox, 19 % ohne oder mit anderer Konfession
- **Zeitzone:** MEZ +1

LAGE

Finnland, annähernd so groß wie Deutschland, liegt zu einem Viertel nördlich des Polarkreises – der nördlichste Punkt bei 70° 5', der südlichste bei 59° 30'. Im Westen und Süden säumen der Bottnische und der Finnische Meerbusen das Land, dessen buchtenreiche Küste die stolze Länge von 4600 km erreicht. Wasser und Wald, Finnlands beherrschende Naturelemente, bilden eine Einheit, die in Europa ihresgleichen sucht.

Als wohl einziges europäisches Land besitzt Finnland noch eine wenig berührte weite Wildmark. An der Südwestküste erstreckt sich eine labyrinthische Inselwelt von schlichter Schönheit: Europas größte Schärenlandschaft. Die Kulturlandschaft der südlichen und mitt-

leren Landesteile bestimmen drei große Seengebiete: die Wasserachse Hämeenlinna–Tampere–Virrat im Westen, der Päijänne-See zwischen Lahti und Jyväskylä in der Mitte, im Osten das Saimaa-Seengebiet, mit 4400 km² Ausdehnung unübertroffen in der Alten Welt. Vollkommen flach ist das Land keineswegs, doch erreichen die Erhebungen südlich des Polarkreises nur einige hundert Meter. Höher ragen sie nahe der Grenze zu Norwegen auf, so der mit 1328 m höchste Berg Halti.

POLITIK UND VERWALTUNG

Die Sicherung eines angemessenen Lebensstandards und die Bereitstellung sozialer Dienste sind die Hauptaufgaben der Sozialpolitik, für die der Staat Anfang der 1990er-Jahre einen hohen Anteil seines

Haushalts ausgab. Dann trat ein, worauf man nicht vorbereitet war: Das Wirtschaftswachstum stockte, die Nachfrage in wichtigen Exportländern versiegte, der Handelspartner Sowjetunion existierte nicht mehr. Finnland stürzte in die tiefste Wirtschaftskrise seit seiner Unabhängigkeit. Doch ein harter Sparkurs und eine neoliberale Wirtschaftspolitik führten es bald in die Spitzengruppe der Weltwirtschaft. Das Bildungssystem, das dem Land im Rahmen der PISA-Studien hohes Ansehen einbrachte, unterstützt diese Politik. Dennoch wächst der Abstand zwischen Arm und Reich, zwischen den südlichen Wachstumsregionen und dem Norden des Landes.

Im Jahr 2009 brach die Wirtschaft im Zuge der Finanzkrise um besorgniserregende 8,27 % ein, erholte sich aber in den darauffolgenden Jahren wieder. 2013 und 2014 waren Rückgänge zu verzeichnen. Seit 2015 wächst die Wirtschaft wieder leicht (2017 um 3 %). Die Arbeitslosenquote lag 2017 bei 8,6 %.

Der Ministerpräsident hat in Finnland eine dem deutschen Bundeskanzler vergleichbare Position und wird vom Parlament gewählt. Seit 2015 regiert Juha Sipilä von der Finnischen Zentrumspartei.

Direkt vom Volk gewählt wird der Präsident. Martti Ahtisaari (1994–2000), 2008 mit dem Friedensnobelpreis für seine Arbeit als UN-Vermittler ausgezeichnet, war maßgeblich am EU-Beitritt beteiligt. Seit März 2012 ist Sauli Niinistö Präsident Finnlands.

Frauen sind in der finnischen Politik stark vertreten: Sie stellen fast die Hälfte der Parlamentarier. Finnland ist Mitglied der EU und der europäischen Währungsunion. Verwaltungsmäßig gliedert sich das Land in fünf Provinzen und die autonomen Åland-Inseln.

WIRTSCHAFT

Finnland entwickelte sich später als andere nord- und mitteleuropäische Länder zum modernen Industriestaat. Noch bis zum Zweiten Weltkrieg prägten Land- und Forstwirtschaft die Ökonomie. Erst der Zwangsfriede mit der Sowjetunion setzte im Verbund mit Reparationszahlungen Kräfte zum raschen Wandel der Agrargesellschaft frei.

Inzwischen ist die Informationstechnologie erster Garant für eine wirtschaftlich starke Stellung. Auch konnten der Maschinenbau sowie die Metall verarbeitende Industrie neue Märkte erschließen. Zu den bekannten Exporteuren der Branche gehört die Firma Fiskars, der Aufzughersteller Kone sowie die Fahrzeughersteller Valmet und Sisu Auto. Textilien, Glas, Porzellan, Rohpelze und Pelzbekleidung liefern einen wichtigen Exportbeitrag. Russland ist der wichtigste Handelspartner Finnlands, gefolgt von Deutschland und Schweden. Neben Nokia haben viele Firmen wie Kone, Polar, M-Real und UPM weltweite Reputation erlangt. Nokia verkaufte 2014 sein Handy-Geschäft. Unter diesem Namen werden nun von einer taiwanesischen Firma hergestellte mobile Endgeräte angeboten.

GESCHICHTE IM ÜBERBLICK

Als Finnlands Ureinwohner gelten die Sámi. Die Finnen, *suomalaiset*, wanderten in den ersten Jahrhunderten unserer Zeitrechnung ein.

1155, 1239, 1293 Die Schweden erobern in drei Kreuzzügen weite Landesteile.

1323 Der Friede von Schlüsselburg legt die schwedisch-russische Grenze fest: vom heutigen St. Petersburg nordwestwärts zum Bottnischen Meerbusen.

1362 Finnland wird schwedische Provinz.

1523 Gustav I. Wasa von Schweden setzt die Reformation durch.

1595 Der Friede von Täyssinä beendet den 25-jährigen Krieg mit Russland.

1617 Nach acht Jahren Krieg nimmt Schwedens König Gustav II. Adolf im Frieden von Stolbova den Russen ganz Karelien ab.

Ab 1640 In Turku entsteht die erste Universität. Das Volk leidet unter Schwedens Kriegsbürden. Ein Drittel verhungert 1696/97.

1700–21 Im Nordischen Krieg bricht Schwedens Vormachtstellung zusammen.

1741 Im erneuten Krieg mit Russland, dem »Kleinen Unfrieden«, verliert Schweden im Frieden von Turku weitere Teile Südostfinnlands.

1809 Zar Alexander I. fällt in Finnland ein. Im Frieden von Hamina tritt Schweden Finnland und die Åland-Inseln an Russland ab. Die Ausrufung zum russischen Großfürstentum wird zur Geburts-

stunde der finnischen Nation.

1812 erhebt Alexander I. Helsinki zur Hauptstadt.

1863 Finnisch und Schwedisch werden gleichberechtigte Landessprachen.

1899 Das Februarmanifest Zar Nikolaus' II. beschneidet die Rechte der Finnen.

1905 Mit einem Generalstreik erzwingen die Finnen die Wiederherstellung der Autonomie.

1906 Frauen erhalten (erstmals in Europa) das Wahlrecht.

1917 Im Zuge der Oktoberrevolution erklärt Finnland am 6. Dezember seine Unabhängigkeit. Der Senat wählt P. E. Svinhufvud zum ersten Präsidenten.

1918 Ein radikaler Flügel der Sozialdemokratischen Partei tritt für eine Revolution nach russischem Vorbild ein. Im Bürgerkrieg bekämpfen sich »Rote Garde« und »Weiße«, die unter Marschall Carl Gustav Mannerheim siegen.

1918/19 Der zum König gewählte Prinz Karl von Hessen verzichtet auf den Thron. Am 17. Juli 1919 wird die Republik ausgerufen.

1922 Sowjetrussland überträgt Finnland das Gebiet von Petsamo und damit einen Eismeerhafen.

1921/22 Der Völkerbund spricht Finnland die Åland-Inseln zu, denen 1922 ein autonomer Status verliehen wird.

1939/40 Sowjetische Gebietsforderungen entfachen den Finnisch-Sowjetischen Winterkrieg. Finnland verliert 1940 Teile Kareliens, das Salla-Gebiet und den Westen der Fischerhalbinsel.

1941−44 Finnland lehnt sich an Deutschland an. Im Zuge des deutschen Russlandfeldzuges kommt es erneut zum Krieg mit Russland. Der Zwischenfriedensvertrag von Moskau weist Finnland in die Grenzen von 1940 zurück. Über 480 000 Menschen werden aus Karelien umgesiedelt.

1944/45 Lapplandkrieg.

1944−46 Marschall Mannerheim ist kurzzeitig Staatspräsident.

1946−56 Ein Freundschafts- und Beistandspakt legt den Grundstein für gutnachbarliche Beziehungen zur UdSSR.

1955 Aufnahme in die UNO und den Nordischen Rat.

1956−81 Staatspräsident Urho Kekkonen lenkt die vom freundschaftlichen Verhältnis zur UdSSR geprägte finnische Politik.

1969 In Wien und Helsinki nehmen USA und UdSSR die SALT-Abrüstungsverhandlungen auf.

1973 KSZE-Konferenz in Helsinki. Finnland knüpft diplomatische Bande zur BRD und DDR.

1982 Nach Kekkonens Rücktritt wird der Sozialdemokrat Mauno Koivisto Staatspräsident.

1991 Nachbarschafts- und Kooperationsvertrag mit Russland.

1994 Der Sozialdemokrat Martti Ahtisaari wird Staatspräsident.

1995 Aufnahme in die EU.

2000 Wahl der Sozialdemokratin Tarja Halonen zur ersten Staatspräsidentin (erneut 2006). Die Verfassungsreform stärkt die Position des Ministerpräsidenten.

2004 Finnland betont die Bündnisfreiheit; es hält sich die Option der NATO-Mitgliedschaft offen.

2008 Martti Ahtisaari erhält den Friedensnobelpreis.

2009 Bei den Wahlen zum EU-Parlament sind acht der 13 gewählten Kandidaten Frauen.

2012 Sauli Niinistö wird Präsident Finnlands.

2015 Juha Sipilä steht als Ministerpräsident der Regierungskoalition aus Zentrum, Sammlungspartei und Wahren Finnen vor.

2017 Finnland feiert 100 Jahre Unabhängigkeit.

2018 Präsident Niinistö gewinnt erneut die Präsidentschaftswahlen.

💬 DER LAPPLANDKRIEG

Nach einer sowjetischen Großoffensive musste Finnland am 4. 9. 1944 einen Waffenstillstandsvertrag annehmen, der es dazu verpflichtete, die noch in Lappland befindlichen 200 000 deutschen Soldaten zu vertreiben. Die Räumfrist von nur 14 Tagen zog unwillkürlich Kampfhandlungen nach sich, die bis 1945 andauerten. Dieser Lapplandkrieg brachte beiden Seiten schwere Verluste. Im Norden wurden fast 100 000 Menschen evakuiert. Sie mussten heimkehren in ein Lappland, in dem die Deutschen »verbrannte Erde« hinterlassen hatten.

NATUR & UMWELT

Kein Land der Erde weist, bezogen auf die Gesamtfläche, mehr Moore auf als Finnland. Feuchtgebiete prägen die Landschaft nicht weniger als die viel gerühmten Seen.

Weißes Wollgras und hellrote Sumpfblumen schenken weiten Flächen ihre betörende Farbe. Der Erhalt der Moore ist nicht nur Anliegen der Naturschützer, sondern auch der Feinschmecker, denn dort gedeiht die seltene Molte- oder Sumpfbrombeere (finn.: *lakka, hilla*). Man schätzt sie frisch als Frucht oder als Likör.

Finnland liegt größtenteils in der von Kiefern bestimmten borealen Nadelwaldzone. Fichten machen ein Drittel, Laubbäume, darunter vor allem Birken, machen 10 % des Baumbestandes aus. Die Stille ist die Melodie des Waldes, vor allem im Winter. Schnee schützt die Pflanzenwurzeln, aber auch die Tiere über und unter der Erde. › mehr S. 16 Punkt ㉜

Der Braunbär hält Winterschlaf, der Elch schaltet auf Sparflamme. Selbst während der übrigen Jahreszeiten sieht man bei Tage vorwiegend Vögel, denn die meisten Säugetiere sind nachtaktiv. Am ehesten begegnet man in Lappland Herden halbdomestizierter Rentiere › unten. Von den 67 vertrete-

---

💬 **PORO, PORO**

Lappland im Mai: Tagtäglich staksen mehr der rund 6 kg schweren, milchschokoladebraunen Rentierkälber über die blühenden Fjäll-Wiesen. Ende Juni werden es 150 000 sein. Ihrem Wandertrieb folgend ziehen die Rentiere (finn.: *poro*) dann im Herbst in die flechtenreichen Kiefernwälder. Die Romantik der Sámi, die in ihren Zelten über Hunderte von Kilometern ihre Herden begleiteten, ist Vergangenheit. Heute überwachen sie mit Motorschlitten oder Geländefahrzeugen ihre Tiere.

Zwischen September und Januar findet die Rentierscheidung statt, d. h. die *poromies*, die Renhirten, wählen die schlachtreifen Tiere aus. Felle, Geweihe und Knochen werden für handwerkliche Arbeiten verkauft, das Fleisch für die köstlichsten Gerichte vorbereitet. Es ist fettarm, überaus reich an Mineralstoffen wie Kalium, Kalzium, Phosphor sowie Kupfer, und der Vitamin-C-Gehalt liegt fünfmal höher als bei Rindfleisch. Die hohe Fleischqualität erklärt sich aus der ausgewogenen Nahrungszusammensetzung der Tiere, die im Sommer mehr als 300 verschiedene Pflanzenarten knabbern. Im Herbst sind Pilze, im Winter Flechten ihre Hauptnahrung. Luftverschmutzung, Landflucht und intensive forstwirtschaftliche Nutzung angestammter Weidegebiete stellen jedoch Probleme für die herkömmliche Rentierweidewirtschaft dar.

nen Säugetierarten kommt die Saimaa-Ringelrobbe ausschließlich in Finnland vor. › mehr S. 13 Punkt **9**

Größere Raubtiere bekommt man kaum zu Gesicht, obwohl ihre Bestände wieder stark angestiegen sind, nach neuesten Angaben auf rund 300 Wölfe, 850 Luchse, 1000 Braunbären und 150 Vielfraße. Der Elch, vor 250 Jahren nahezu ausgestorben, hat sich derart vermehrt, dass jährlich bis zu 80 000 Tiere erlegt werden. In den fischreichen Flüssen und Seen tummeln sich 77 Fischarten wie Forelle, Felchen, Hecht und Lachs.

Wo ein grauer Wolf ist, ist sein Rudel in der Regel nicht weit

DIE MENSCHEN

Was ist typisch finnisch? Blonde Haare und blaue Augen, Menschen vom Typ eines Kimi Räikkönen oder Mika Häkkinen? Oder geschminkte Rocker wie Ville Valo von HIM oder das Teenie-Idol Lauri Alanen von The Rasmus?

Die Jungen sind nicht mehr die, die »in zwei Sprachen schweigen«, wie man früher sagte, sondern weltoffene, sprachkundige Europabürger. Jedoch findet man zu viel Small Talk in Finnland immer noch suspekt, und das Volk, das mit 16 Einwohnern/km² immens viel Platz hat, legt großen Wert auf Privatsphäre. Wenn Besucher dies als Wesenseigenschaft akzeptieren, kann Zurückhaltung schnell freundschaftlicher Verbundenheit weichen.

Finnlands Gesellschaft ist relativ homogen, nur etwa 4,5 % sind Ausländer. Über 90 % der Bevölkerung haben Finnisch als Muttersprache (für etwa 5 % ist es Schwedisch und unter 1 % spricht Samisch) und knapp 80 % gehören der evangelisch-lutherischen Kirche an. So sind die Gegebenheiten weniger divers als in vielen anderen Ländern. Die Schule ist für alle Kinder bis zum Ende der neunten Klasse einheitlich.

Das Finnische gehört zur finno-ugrischen Sprachfamilie. Eng verwandt ist Estnisch, weniger Parallelen gibt es zum Ungarischen. Diese Sprachen zeigen keine Ähnlichkeiten mit den größeren Sprachen Europas. Noch etwa 2600 Sámi › S. 44, die als Ureinwohner des Landes gelten, sprechen ihre eigene Sprache, die ebenfalls mit dem Finno-Ugrischen verwandt ist. In der Schule und in den Medien wird das Sámische heute wieder verstärkt verwendet.

DIE KULTUR DER SÁMI

Die Wurzeln der sámischen Urbevölkerung reichen etwa 10 000 Jahre zurück. Die Sámi lebten zunächst in Südskandinavien, wurden jedoch im Laufe der Jahrhunderte nach Norden gedrängt, wo sie heute ein 100 000 km² großes Gebiet besiedeln, das sich Norwegen, Schweden, Finnland und Russland teilen.

Die Rentierhaltung in der gegenwärtigen Form ist erst seit dem 17. Jh. bekannt. Die Besitzer der Tiere wussten einst jedes einzelne nach Geschlecht, Alter, Kopfform, Geweih, Farbe, Länge und Dichte des Fells genau zu bezeichnen, weshalb das Sámische mehrere Hundert Worte kennt, die das Ren beschreiben. Dafür fehlen die Wörter »Krieg« und »Gewalt«.

Nach dem Zweiten Weltkrieg wuchs ein neues Selbstbewusstsein unter den Sámi. Eine Renaissance haben u. a. Musik und Literatur erlebt. Legenden gehören zum alten Kulturgut, heroisch-leidenschaftliche erzählen die Inari-Sámi, lyrische die Skolt-Sámi. Aus der Improvisation geborenen sind die reimlosen *Joiku*-Gesänge. Gleich einem schier endlosen Singsang berichten die Lieder aus dem Alltag und von den Gedanken und Gefühlen der Menschen. Nur ein dumpfes Trommeln erklingt zuweilen als Begleitung.

Technik und moderne Lebensformen zeigen auch bei den Sámi ihre Auswirkungen: Feste Häuser haben die Zelte ersetzt, Maschinen und Motorschlitten hielten Einzug in die Rentierzucht. Das Tragen der Sámi-Tracht unterliegt strengen Regeln. Daran rüttelt nicht zuletzt der Tourismus – bei der Vermarktung von »Folklore« sind die echten Traditionen stark gefährdet, auch wenn damit Einkommen und Arbeitsplätze generiert werden.

Rentiere sind kaum domestiziert – das Einfangen der scheuen Tiere ist eine Kunst

KUNST & KULTUR

Die gegensätzlichen Weltanschauungen von West und Ost beeinflussten über die Jahrhunderte hinweg das finnische Kulturschaffen.

Junge Künstler werden davon jedoch immer weniger geprägt und suchen selbstbewusst eine eigenständige Kulturidentität. Dennoch ist die Kunst nach wie vor stark von der nordischen Natur inspiriert.

LITERATUR

Das Schriftfinnische begründeten die erste finnische Bibelausgabe (1545) sowie **Mikael Agricolas** Übersetzung des Neuen Testaments (1548). Doch erst Anfang des 19. Jhs. verwendeten die Schriftsteller Finnisch anstelle der Bildungssprache Schwedisch. Die Wende zur modernen Literatur leiteten das 1835 veröffentlichte Nationalepos »Kalevala« von **Elias Lönnrot** (1802 bis 1884) und **Aleksis Kivis** (1834–1872) Schelmenroman »Die sieben Brüder« (»Seitsemän veljestä«, 1870) ein. Beide Werke zählen zur Weltliteratur. Das Motiv des Scheiterns kennzeichnet die Literatur Finnlands. Es prägte auch die Werke seines einzigen Literaturnobelpreisträgers (1939), **Frans E. Sillanpää** (1888–1964; »Das fromme Elend«).

Die Wechselbeziehung von nationalem und individuellem Schicksal beleuchten Nachkriegsautoren, **Väinö Linna** (1920–1992) etwa, anhand von Themen wie Krieg, Landverlust und Flüchtlingsschicksal. Millionenauflagen in aller Welt erzielten **Mika Waltaris** (1908–1979) historische Romane, z. B. »Sinuhe der Ägypter«.

Neben den bekannten Gegenwartsliteraten – **Paavo Haavikko** (»König Harald«), **Veijo Meri** (»Quitt«) oder die schwedisch schreibende **Märtä Tikkanen** (»Wie vergewaltige ich einen Mann«) – finden zahlreiche neue Namen, z. B. **Petri Tamminen** (»Der Eros des Nordens«), **Robert Åsbacka** (»Das zerbrechliche Leben«) oder **Olli Jalonen** (»Vierzehn Knoten bis Greenwich«), ihre Leser. Überaus erfolgreich ist **Arto Paasilinna** (»Das Jahr des Hasen«, »Sommer der lachenden Kühe«). Hohe Aufmerksamkeit erlangten zwei Frauen mit ihren Debütromanen: die Sámi-Autorin **Kirsti Paltto** (»Zeichen der Zerstörung«) und **Kristina Carlson** (»Ins Land am Ende der Welt«). Krimiautoren wie **Leena Lehtolainen** (z. B. »Wie man sie zum Schweigen bringt«) und **Reijo Mäki** (»Die gelbe Witwe«, »Tango Negro«) haben international ihr Publikum gefunden. Die derzeit erfolgreichste Schriftstellerin ist **Sofi Oksanen,** deren 2014 auch auf Deutsch erschienener Roman »Als die Tauben verschwanden« von Widerstand und Kollaboration in Estland zur Zeit der deutschen und sowjetischen Besatzung handelt.

Weltberühmt wurden die von der Autorin **Tove Jansson** (1912–2002) selbst illustrierten liebenswerten Mumin-Geschichten › S. 101.

FILM

Über die Landesgrenzen hinaus hat der finnische Film Aufsehen erregt, so auch 2010 Joonas Berghälls und Mika Hotakainens Saunafilm »Steam of Life« › S. 34. Altbekannte, international ausgezeichnete Regisseure sind die Brüder **Aki und Mika Kaurismäki.** Ihre wortkarg-poetischen Filme erzählen von Entwurzelung und sind längst zu Kultfilmen geworden. Vor allem die Finnland-Trilogie, »Wolken ziehen vorüber« (1996), »Der Mann ohne Vergangenheit« (2002) und »Lichter der Vorstadt« (2006), hat zahlreiche Preise gewonnen, u. a. den Großen Preis der Jury in Cannes 2002. Mehrfach ausgezeichnet wurde auch der Film »Le Havre« (2011).

💬 »HERR DER RINGE« – WURZELN IM LAND DES KALEVALA

Bevor Elias Lönnrot 1827–1838 Karelien durchstreifte, um sich von alten Sängern Abertausende von Verszeilen vortragen zu lassen, war finnische Volksdichtung nur mündlich überlieferter Gesang oder Sprechgesang, vorgetragen zur fünfsaitigen Zither, der *Kantele.* Die sog. karelischen Runen – abgeleitet vom finnischen *runo* für »Gedicht, Epos« – umfassten in der Regel wenige Zeilen, konnten aber mit schier unendlichen Versfolgen die Zuhörer über Stunden unterhalten. Reimlos, nur im Gleichklang des Anlauts eine Melodie erzeugend, so ist der Vers des »Kalevala«, das Finnlands grandioses Nationalepos ist (1835). Dafür trug Lönnrot 22 795 Verszeilen (gegliedert in 50 Gesänge) alter Lieder und Sprüche vorchristlichen oder christlichen Charakters zusammen.

Bis in die 1930er-Jahre bewunderte das Volk die Runensänger. Für Anfang und Ende einer Geschichte lagen Standardverse fest, dazwischen gestaltete jeder dieser wandelnden Familienchronisten improvisierend seinen Vortrag.

Weniger bekannt ist, dass der britische Autor J. R. R. Tolkien viele Inspirationen für sein Werk »Herr der Ringe« aus den Runen des Kalevala bezog. Er lernte sogar Altfinnisch, um das Epos in der Originalfassung lesen zu können. Besonders das Land der Elfen und die sauberen weißen Wälder dienten ihm als Vorlage. Tolkien faszinierte im Kalevala die mystische »Reise für Seele und Geist«.

Auch heute ist das Kalevala im Alltag gegenwärtig, alte Namen wie Aino, Väinö und Sampo sind wieder beliebt. Der Grundgedanke des Kalevala spiegelt zudem die urfinnische Lebenshaltung. Naturverbundenheit, Verantwortungsbewusstsein und Respekt gegenüber den Mitmenschen kennzeichnen die Finnen nach wie vor. Auch der Gedanke, dass jeder »seines Glückes Schmied« ist, kommt aus den Liedern des Kalevala. *Sisu* (Durchhaltevermögen) und Stärke zeigen seine Gestalten. In einem Land, wo die Natur karg und kalt ist, muss jeder tapfer für sich kämpfen, nicht auf Kosten der anderen leben oder gar in der Hoffnung auf himmlische Hilfe ausharren.

MUSIK

Die ältesten finnischen Melodien sind nur mündlich überliefert. Erst der berühmte Komponist **Jean Sibelius** (1865–1957) schlug eine Brücke zur internationalen Musikwelt. Seine Frühwerke und Sinfonien griffen Kalevala-Motive auf, und nationale Themen inspirierten die sinfonische Dichtung »Finlandia«.

Danach wurde es still, bis in den 1980er-Jahren die Musikkultur neuen Aufschwung fand, der internationale Trends auf eigenständige Weise widerspiegelt. Zu den bekannten zeitgenössischen Komponisten zählt **Aulis Sallinen**, dessen Oper »Kullervo« auf Aleksis Kivis

Dirigent Esa-Pekka Salonen

gleichnamiger Tragödie aufbaut. Das Land hat zudem eine Reihe von Spitzendirigenten wie **Esa-Pekka Salonen, Leif Segerstam** und **Jukka-Pekka Saraste** und herausragende Solisten wie **Tamara Lund** oder **Matti Salminen** auf die Weltbühnen gebracht. Auch **Martti Talvela** (1935–1989) wird immer zu den großen Stimmen der Neuzeit gehören.

Auf dem Rock-Pop-Sektor brachten die Metal-Rocker **Lordi** Finnland 2006 den ersten Sieg bei einem Eurovision Song Contest. Echte internationale Chartstürmer sind Gruppen wie **The Rasmus, Sunrise Avenue, Nightwish** oder **HIM**, während die temperamentvollen Sängerinnen von **Värttinä** karelische Melodien frech modernisiert im Dialekt der Region auf internationalen Bühnen präsentieren. Made in Finnland ist angesagt. Auch in der **Tangoszene** › S. 52.

MALEREI UND SKULPTUR

Die mittelalterlichen Malereien in den derben Grausteinkirchen zeigen deutliche mitteleuropäische Einflüsse. Noch Mitte des 19. Jhs. lieferte die »Düsseldorfer Schule« finnischen Malern Impulse, die sich erst danach allmählich freizuschwimmen begannen; die Werke des größten Malers dieser Epoche, **Albert Edelfelt** (1854–1905), standen allerdings noch stark unter italienischem und französischem Eindruck.

Akseli Gallen-Kallela (1865–1931; › S. 79) kreierte einen nationalromantischen Stil, der solchen Widerhall fand, dass finnische Künstler damals Strömungen aus dem übrigen Europa ablehnten, um ihre eigene Identität zu finden. Junge Maler um **Tyko Sallinen** (1879–1955) entwickelten einen für lange Zeit richtungsweisenden finnischen Expressionismus. Doch von

Sallinens herber Eigenwilligkeit heben sich **Helene Schjerfbecks** (1862 bis 1946) Frauenbildnisse ab, die sich auf verfeinerte Weise auf das Wesentliche reduzieren.

Auch die Bildhauerkunst fand vergleichsweise spät zu einem eigenständigen Stil. Aufschwung verlieh ihr das Ende des Zweiten Weltkriegs. Mahnstätten und Skulpturen für neue Wohnanlagen sollten entstehen – Aufträge, von denen auch **Wäino Aaltonen** (1894–1966, › S. 96) profitierte. Für seine neue Perspektiven eröffnenden Skulpturen (z. B. der Brücke Hämeensilta in Tampere) verwendete er Granit, aber auch Marmor, Kupfer und Bronze. **Aimo Tukiainens** Werke (1917–1996), darunter beispielsweise das Reiterstandbild des Marschalls Mannerheim in Helsinki, spiegeln die Entwicklung zum abstrakten Stil, dem in Helsinki das aus Rohren geschweißte Sibelius-Denkmal der Bildhauerin **Eila Hiltunen** (1922–2003) ein Zeichen setzte. Von einer besonderen Beziehung zur Natur sprechen Arbeiten von Holzbildhauern wie **Kain Tapper** (Denkmal »Wiederauferstehung Lapplands«, Rovaniemi).

ARCHITEKTUR

Finnlands extravagante Baukunst ist so jung wie die Nation selbst. Nur wenige Steinbauten, mittelalterliche Burgen und Feldsteinkirchen überlebten die Wirren der Kriege. Die Holzarchitektur des 17./18. Jhs. fiel größtenteils Feuersbrünsten zum Opfer, darunter ganze Stadtzentren. Umso kostbarer sind die erhaltenen **Holzhausensembles,** so die Altstadt von Rauma mit rund 600 Gebäuden aus dem 18./19. Jh. › S. 102.

💬 DESIGN – UNVERKENNBAR FINNISCH

Ob in Kunsthandwerk oder Industrie, finnisches Design steht für funktionelles Gestalten mit klaren Linien, für harmonische Farbkombinationen, für die liebevolle Nutzung heimischer natürlicher Materialien. Die ersten »Designer« waren Architekten wie Eliel Saarinen und Alvar Aalto, dessen Sitzmöbel und Lampen heute als Klassiker gelten. Seit den 1950er-Jahren haben Stardesigner wie Tapio Wirkkala, Timo Sarpaneva (Glas), Dora Jung (Textilien) und Bertel Gardberg (Metall und Schmuck) Finnlands Ruf gefestigt. Die neuen Namen stehen für unkonventionelles, experimentelles Gestalten wie die Möbelkreationen der Gruppe Snowcrash.

Den Weltmarkt erobert haben die schlichten Textilien der Marke Marimekko, Porzellan und Keramik der Marken Arabia und Pentik, Glas aus Iittala, Nuutajärvi, Riihimäki und Kumela sowie finnische Schuhe und Pelze. Trotz einer über 600-jährigen Tradition wird finnischer Schmuck erst seit etwa 50 Jahren exportiert. Kalevala-Schmuck nach alten Motiven findet im Ausland ebenso Absatz wie Björn Weckströms ausdrucksstarke »Lapponia«-Kreationen.

Design Forum Finland in Helsinki – Schaufenster finnischer Gestaltung

Die neue Entwicklung leitete ein in Finnland wirkender Berliner Baumeister ein: **Carl Ludwig Engel** (1778–1840). Er gab Helsinki das klassizistische Gepräge, u. a. rund um den Senatsplatz › S. 66.

Das erstarkende Nationalbewusstsein verschaffte einheimischen Architekten Einfluss, die den Ruhm der finnischen Architektur begründeten. Um die Wende vom 19. zum 20. Jh. verschmolzen Baumeister wie **Eliel Saarinen** (1873–1930) und **Lars Sonck** (1870–1956) die Bauweise mittelalterlicher Feldsteinkirchen und karelischer Holzhäuser zu einem nationalromantisch angehauchten finnischen Jugendstil.

Saarinen gestaltete Helsinkis Nationalmuseum und Hauptbahnhof sowie den viel beachteten Finnischen Pavillon für die Pariser Weltausstellung des Jahres 1900. Sie lieferte Saarinen sowie Armas Lindgren (1874–1929) und Herman Gesellius (1874–1916) wichtige Anregungen. Gemeinsam schufen diese drei Architekten bedeutende Bauwerke in Finnland.

Zu Anfang der 1920er-Jahre bildete sich ein klassisch-rationaler Stil heraus – das auffälligste Beispiel ist Helsinkis Parlamentsgebäude von **Johan Sigfrid Siren** (1889–1961). Zur gleichen Zeit begann sich der Funktionalismus durchzusetzen, dem der 35-jährige **Alvar Aalto** (1898–1976) mit der 1933 gebauten Lungenheilanstalt von Paimio ein erstes Denkmal setzte.

Internationale Anerkennung brachte Aalto Finnlands Pavillon für die New Yorker Weltausstellung 1939. Aalto, der in puncto Stil und Materialien neue Wege ging, erhielt Aufträge in aller Welt. In Finnland entwarf er

Wohngebäude, Universitäten, Verwaltungsbauten, Theater und Industrie-
anlagen. Dieser Grandseigneur modernen Bauens inspirierte junge Architekten. Viel beachtete Werke sind **Reima Pietiläs** Kaleva-Kirche in Tampere
(1966, › S. 85), **Timo und Tuomo Suomalainens** Felsenkirche in Helsinki
(1969, › S. 70) und die Stadtbibliothek in Tampere › S. 85, bei der **Reima und
Raili Pietilä** Beton mit Naturmaterialien versöhnten.

FESTE & VERANSTALTUNGEN

**Die jährlich über 1500 Veranstaltungen finden vorwiegend zwischen
Juni und August in kleineren Städten und Ortschaften statt. Über die
wichtigsten erteilt Finland Festivals r. y. in Helsinki Auskünfte (Temppe-
likatu 3–5 A 5, Tel. 09-612 6760, www.festivals.fi).**

VERANSTALTUNGSKALENDER

6. Januar: Loppiainen, Sternsinger gehen
von Haus zu Haus.
Ende Februar: Finlandia-hiihto, 50-km-
Volksskilauf in Lahti mit jährlich mehr als
5000 Teilnehmern (http://english.finlandia
hiihto.fi). Anmelden kann man sich bereits
ab Mai des Vorjahres.

Zwei Wochen vor Ostern: **Marianpäivät,**
ein buntes Fest der Sámi in Hetta.
**Anf. März: Internationales Kurzfilm-
Festival** in Tampere.
Ostern: Fest der Skolt-Sámi in Sevettijärvi.
**Vorabend des 1. Mai und Maifeiertag:
Vappu-Fest.** Am 30. April sind die Straßen
voll wie andernorts zu Karneval, allerdings

In der Mittsommernacht werden landesweit Johannisfeuer entzündet

nur einen Tag lang, dafür aber mit noch mehr alkoholischen Getränken.

2./3. Juni-Woche: Midnight Sun Film Festival (www.msfilmfestival.fi) in Sodankylä, **Musikfestspiele** in Ilmajoki, Naantali (www.naantalimusic.com) und Riihimäki (www.riihimakirock.fi).

3. Juni-Wochenende: Provinssirock, eines der größten Rockfestivals Finnlands, in Seinäjoki (3 Tage; www.provinssirock.fi).

20.–26. Juni: Freitag und Samstag landesweit **Mittsommernachtsfeiern,** Johannisfeuer brennen. Überall gibt es Grillfeste und man tanzt die Nacht durch (und schläft nicht).

Ende Juni/Anf. Juli: Opernfestspiele in Savonlinna (www.operafestival.fi) mit internationaler Starbesetzung; **Tuska Open Air Metal Festival** im Kaisaniemi Park, Helsinki (www.tuska-festival.fi/en).

Nach dem 2. Juli-Wochenende: Tangomarkkinat in Seinäjoki (1 Woche), das größte Tangofestival der Welt > S. 53.

Mitte Juli: Pori Jazz; Finnlands größtes **Volksmusikfestival** in Kaustinen (1 Woche, www.kaustinen.net); **Kammermusik-Festspiele** (14 Tage) in Kuhmo. **Ruisrock,** Finnlands ältestes Rockfestival, in Turku (www.ruisrock.fi), **Musikfestival** in Korsholm (Vaasa, www.korsholmmusicfestival.fi).

1. August-Wochenende: Neste Rally Finland in Jyväskylä).

Mitte August: Musikfestspiele in Turku (www.tmj.fi); **Internationales Theaterfestival** in Tampere (www.teatterikesa.fi).

Mitte August: Helsinki Festival (14 Tage) mit »Nacht der Künste« (www.helsinginjuhlaviikot.fi/en).

1. November-Wochenende: Tampere Jazz Happening.

Dezember: Thomas-Markt im Esplanadenpark, **Kunsthandwerksmarkt** im Alten Studentenhaus.

SKURRILE SOMMERFESTIVALS

- Was 1969 mit Joe Cocker in Woodstock als Gag begann, hat sich zu einem heiteren Wettbewerb entwickelt: Wer die verrücktesten Griffe, die besten Verrenkungen, das ausgefallenste Outfit in einer 60-Sekunden-Show zeigt, siegt in der jährlichen **Weltmeisterschaft im Luftgitarrespielen** in Oulu > S. 136 im Sommer (www.airguitarworldchampionships.com).

- Hyrynsalmi ist ein Ort mit knapp 3000 Einw. in Kainuu (170 km östl. von Oulu). Dort herrscht im Juli Ausnahmezustand, wenn ca. 5000 Kicker – Männer wie Frauen – zwei Tage um die **Schlamm-Fußball-Weltmeisterschaft** kämpfen (www.ukkohalla.fi).

- Ein Klassiker unter den außergewöhnlichen Events – mit vielen ausländischen Teilnehmern – ist die **Weltmeisterschaft im Ehefrauen-Tragen** in Sonkajärvi (15 km östl. von Iisalmi > S. 127). Sie findet Anfang Juli statt. Die Ehefrau braucht übrigens nicht die eigene zu sein, doch muss sie mindestens 49 kg wiegen! (www.eukonkanto.fi).

- In Punkaharju > S. 122 bei Savonlinna wird Ende August um die **Weltmeisterschaft im Handy-Weitwurf** gekämpft – in vier Disziplinen für Frauen, Männer und Kinder: Junior, Freestyle, Original und Team Original (www.mobilephonethrowing.fi).

TANGO UNTER DER MITTERNACHTSSONNE

Zwei Arten von Tanzmusik haben die Finnen importiert: argentinischen Tango und Humppa. Beide wurden Teil ihrer kulturellen Identität, sodass Kaurismäki zu Recht behauptet: »Der Tango ist nun mal unsere Nationalmusik.«

Die **finnische Tangovariante** erinnert mehr an Marschieren als an die anmutige Schrittfolge des argentinischen Tanzes. Doch keinen Finnen stört, dass er das Schleichen der Argentinier nicht beherrscht. Im Gegenteil. Fast scheint es, als wolle man mit aller Kraft den Winter aus den Körpern treiben, um nur ja nicht den Sommer voller Liebe und Glück zu verpassen.

Den **Humppa** dagegen, den »Schieber« der 1920er-Jahre, tanzen auf den sommerlichen Tanzdielen nur wenige Mutige, die sich an diese eigene Mischung aus Walzer, Foxtrott und Tangoschritten wagen, schwungvoller Ausdruck des Lebensgefühls der Menschen und ihrer Landschaft.

»NAISTENHAKU«

Ob es nun elegante Tanzrestaurants oder dörfliche Tanzplätze sind – eines haben diese Orte gemeinsam:

Leidenschaft auf Finnisch zeigt dieses tanzende Paar in einem Café

Damenwahl. In den Tanzrestaurants gibt es meist dienstags und donnerstags ausschließlich *Naistentanssit* (Damenwahltanz). An der Tanzfläche verkündet dann eine Leuchtschrift, die vom Orchester bedient wird: *Naistenhaku*. Dabei gelten allseits bekannte, feste Regeln. Die Damen holen sich die Männer zum Tanz – und auch nur dazu! Die besten Aussichten haben deshalb exzellente Tänzer, die keine Aufreißer sind, denn die Damen wollen gekonnt über das Parkett geführt werden.

TANZRESTAURANTS IN DER HAUPTSTADTREGION

- **Wanhan Tanssikellari & Grill** 📖 b3
  Der Himmel der Tanzfreunde.
  Kaivopiha | Mannerheimintie 3
  Helsinki | Tel. 010-766 4380
  www.wanhantanssikellari.fi
  Tanz Mo–Do, So 18–4, Fr, Sa 18–4.30 Uhr,
  Mittagstisch Mo–Fr 10.30–14 Uhr,
  Grill Di–Sa ab 16 Uhr
- **Tulisuudelma** 📖 B8
  Tanzen, wo die Stars live singen.
  Sokos Hotel Vantaa | Vantaa
  Hertaksentie 2 | Tel. 020-123 4618
  www.tulisuudelma.fi
  Di 20–0.30, Fr, Sa 22–4 Uhr

TANZ DURCH DEN SOMMER

Eine der großen Sommerfreuden der Finnen ist das Tanzen im Freien in einer *tanssilava* – meist Fr und Sa ab 21 Uhr. Die Damen sitzen im Kreis, die Herren warten am Rand. Doch wenn Tango, Samba, Walzer oder Rock'n'Roll erklingen, gibt es kein Halten mehr. Und »Saanko luvan?« heißt: »Darf ich bitten?«

- **Riutanharju** 📖 B8
  Topadresse für Tanz und Essen im Sommer.
  Rinnetie 1 | Riihimäki
  www.riutanharju.com
- **Suukosken Keidas** 📖 B4
  Romantik im Norden.
  Itäpuolentie | Tervola
  www.suukoskenkeidas.fi

TANGOFESTIVAL IN SEINÄJOKI ⭐ 📖 A6

Ausgerechnet Seinäjoki › S. 107 haben sich die Tangoholics zu ihrem Mekka auserkoren. Bis auf die Sommertage, an denen Sänger mit geschlossenen Augen von Liebe singen, ist es ein vergessener Ort in Westfinnland. Doch wenn sich Tausende über die Tangostraße schieben, Wetter egal, dann kommt Seinäjoki nicht mehr zum Schlafen. Paare in Jogginganzügen und Sandalen machen die Straßen zum Parkett, nicht selten fegt die Frisur einer Dame den Asphalt. Der **Tangomarkkinat** vereinigt Straßentanz und Bühne für den Sängernachwuchs. Beim Endkampf um die Würde des Tangokönigs – live im Fernsehen übertragen – lauschen die Zuhörer Interpreten, die ihre Nachbarn sein könnten, nur etwas sonnenbankgebräunter vielleicht. Sind die Sieger gekürt, folgt eine lange Tangonacht.

- **Festivaali-Info**
  Woche nach dem 2. Juli-Wochenende.
  Eintritt teilweise frei, Tageskarten für Konzerte 25–45 €. Reservierung empfohlen, v. a. für die Unterkünfte.
  Kauppakatu 15 C | Seinäjoki
  Tel. 06-420 1111
  www.tangomarkkinat.fi

ESSEN & TRINKEN

In Mitteleuropa zählt die finnische Küche nicht zu den Gesprächsthemen, allerdings entwickelt sich Helsinki zunehmend zu einem neuen kulinarischen Hotspot Europas.

Teuer braucht der kulinarische Spaß nicht zu werden, wenn man einen selbst gefangenen Fisch auf einen Zweig steckt und über offenem Feuer brutzeln lässt – wobei man Angelschein und örtliche Fanggenehmigung besitzen sollte. Ein exklusiverer Genuss sind Lachs oder Regenbogenforelle gebeizt *(graavilohi/kirjolohi)*. Die Forellen, in Streifen oder als Ganzes an Stöckchen über dem offenen Lagerfeuer gegart oder als »Gekreuzigte« auf ein Brett genagelt und neben dem Feuer geräuchert, bescheren ein wahrhaft unvergessliches Geschmackserlebnis.

PIKANTE HAPPEN UND DEFTIGES

Für viele sind die skandinavischen Büfetts *(seisova pöytä)* auf den Ostseefähren erste Begegnung mit Finnlands Küche. Kosten Sie als Erstes *silli* (Heringshappen) oder *silakka* (Strömling als kleine Rollmöpse in Essigmarinade), dann Fische und Meeresfrüchte, ehe Sie sich kalte Fleischhappen – manchmal ist Rentierbraten darunter – auflegen. Beilagen sind Salate, Pilze, Marinaden und die kleinen Kartoffeln.

»Richtig« finnisch essen kann man nur als Gast einer Familie. Gebratene Klöße und Wurstgerichte stehen hoch oben auf dem häuslichen Speiseplan. Neben Aufläufen sind Suppen aller Art beliebt. Erbsensuppe aus getrockneten Erbsen wird traditionell donnerstags gegessen. Herrlich schmeckt im Sommer *kesäkeitto* mit vielerlei Kräutern und Gemüsen, die Fischsuppen sind wahre Delikatessen und die cremige Morchelsuppe sättigt mit dem Aroma der Natur.

Hausfrauen zaubern leckere kleine Pfannkuchen *(lätty)* und zum Nachtisch *kiisseli,* eine Fruchtkaltschale. Eine besondere Ehre ist die Einladung zum saftigen Elchsteak.

Falls Sie abends in kleinen Ortschaften kein Restaurant oder Fastfoodlokal finden, sollten Sie die Cafeteria einer Tankstelle aufsu-

Flusskrebse sind nur eine von vielen Köstlichkeiten der finnischen Küche

chen. Dort kann man meist gut und preiswert essen. Weitere Möglichkeiten sind Grill-Kioske sowie Campingplätze und Ferienhauszentren. Lokalitäten wie *baari* oder *pub* bieten keine Speisen.

HOCHPROZENTIGES UND DURSTLÖSCHER

Der beliebte Wodka spült keineswegs nur Krebse hinunter. Das hochprozentige Wässerchen mundet besonders gut mit Eis und gemixt mit delikaten Wildbeerenlikören: *mesimarja* aus der arktischen Himbeere, *lakka* aus Moltebeeren, *karpalo* aus Moosbeeren. Den klaren Schnaps *Koskenkorva Viina* (38 %) sollte man mit Vorsicht genießen. Seit Finnland die strengen Alkoholgesetze gelockert hat, erhält man Bier und leichtere Weine nicht mehr nur in den staatlichen Alko-Läden, sondern überall in Lebensmittelgeschäften. Immer beliebter werden die *siideris*. Sie sind süßer als die englischen oder französischen Ciders, aber mit Aromen wie Rhabarber, Moltebeere oder Blaubeere lohnt es, sie zu probieren.

Der Finnen liebstes Getränk ist jedoch der Kaffee. Ihren *kahvi* trinken sie bei jeder sich bietenden Gelegenheit. Wen es nach einer Tasse verlangt, der muss nur die nächste Tankstelle anfahren – Tankstelle und Cafeteria gehören in Finnland untrennbar zusammen. Die Finnen verbrauchen weltweit die größte Menge an Kaffee, fast 10 kg pro Jahr und Person. Manchen schmeckt er mit *leipäjuusto,* kleinen Würfeln weißen Frischkäses.

KÖSTLICH FINNISCH

- **Restaurant Juuri** ▌ c3 €€
  Frische Ideen und feine Gerichte aus einheimischen Zutaten gibt es gleich beim Design-Museum.
  > mehr S. 15 Punkt ⑳
  Korkeavuorenkatu 27 | Helsinki
  Tel. 09-635 732
  www.juuri.fi
- **Restaurant Lappi** ▌ b3 €€
  Lappland in Helsinki: Feine Speisen nach Sámi-Rezepten in gemütlich-rustikalem Ambiente. So geschl.
  Annankatu 22 | Helsinki
  Tel. 09-645 550
  www.lappires.com
- **Wanha Laamanni** ▌ B8 €€
  Nahe dem Dom in Porvoo wird eine schmackhafte finnische Küche serviert. Das Restaurant befindet sich in einem Holzhaus aus dem 18. Jh. mit gustavianischer Einrichtung.
  > S. 81
- **Wanha Fiskari** ▌ C8 €€
  Beliebtes Fischrestaurant mit nautischem Dekor. Ganz vorzüglich das Moltebeerenparfait zum Nachtisch! So geschl.
  Juha Vainion katu 2 | Kotka
  Tel. 05-218 6585
  www.wanhafiskari.fi
- **Ravintola Kummisetä** ▌ C6 €€
  Ein gemütlich-edler Klassiker mit Sommerterrasse. Der traditionelle Renbraten mit Pilzen und Waldbeeren wird modern variiert.
  Minna Canthin katu 44 | Kuopio
  Tel. 017-369 9880
  www.kummiseta.com

Wälder, Seen und Felsen – finnischer
kann eine Landschaft kaum sein

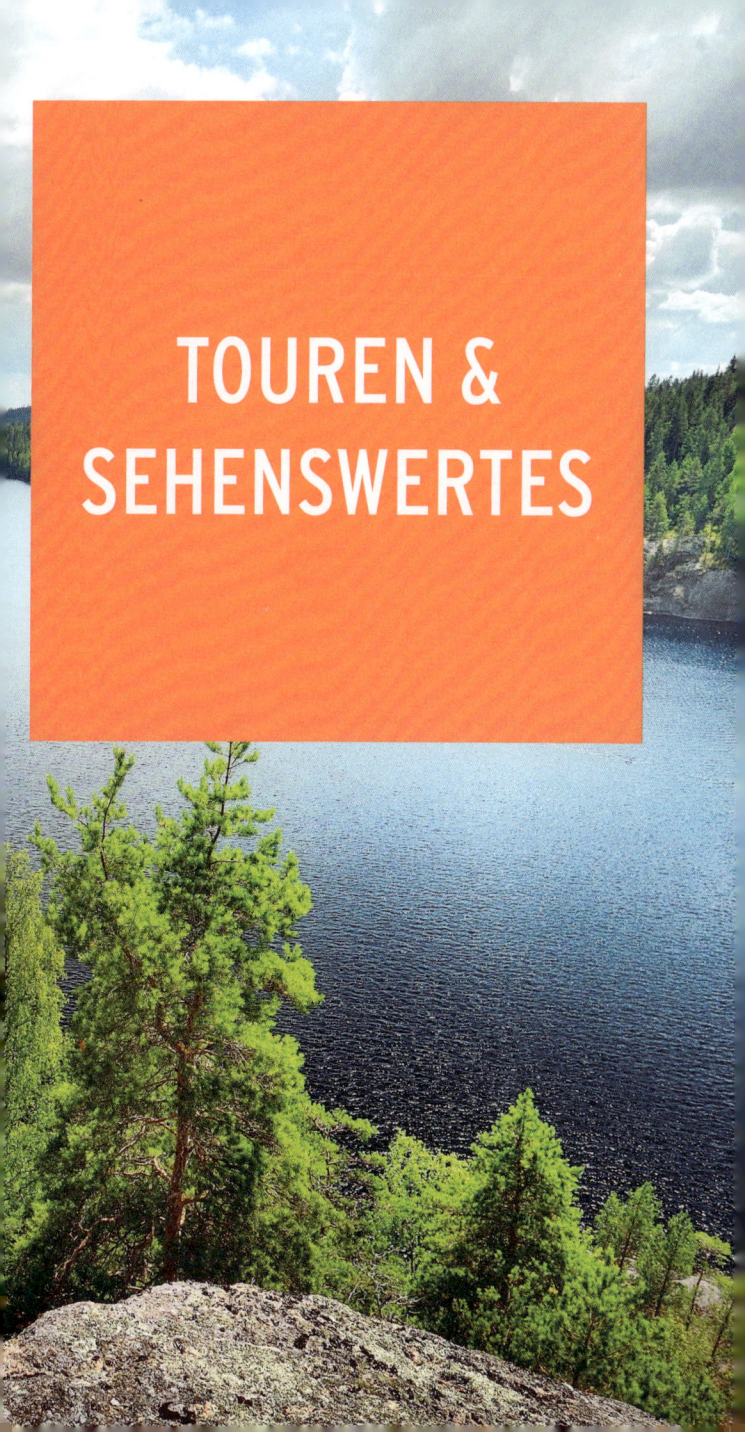

TOUREN &
SEHENSWERTES

HELSINKI

An den dämmrigen Wintertagen
sind Kauppatori, Rathaus und Dom
geheimnisvoll beleuchtet

Klassizismus neben Architektur der Gegenwart, maritime Lebendigkeit und Design-Shopping, Nachtleben, das schon am Nachmittag beginnt und erst in der Morgensonne endet: Helsinki ist immer im Trend.

Nur 4000 Einwohner zählte die frisch gebackene Hauptstadt im Jahr 1812, als Zar Alexander I. Helsinki zum Mittelpunkt des Großfürstentums erhob. Heute leben rund 630 000 Menschen (im Großraum 1,4 Mio.) in der Industrie-, Handels- und Kulturmetropole.

Helsinki wurde 1550 vom schwedischen König Gustav I. Wasa nördlich der Mündung des Vantaa-Flusses gegründet und 1640 südwärts an die Küste verlagert. 1808 verwüstete ein Feuer die Stadt nahezu vollständig. Nachdem Schweden Finnland im Jahr 1809 an Russland abgetreten hatte, verlor Turku den Rang der Hauptstadt an Helsinki, denn dieses lag näher an der russischen Zarenresidenz St. Petersburg.

Die Stadt verdankt der russischen Ära im 19. Jh. ihre raumgreifende Planung und ihr Flair – St. Petersburg in kleinem Maßstab. Das moderne Helsinki präsentiert sich weltoffen. Trotz des rasanten Wandels ist es den Stadtvätern gelungen, den Bewohnern die Nähe zur Natur zu erhalten und ein urbanes Szenario zu entwickeln, das alles bietet, was das Leben schön macht: Mode, Kunst, Musik, Essen, Nachtleben …

TOUREN IN HELSINKI

ZU FUSS DURCH DIE INNENSTADT

ROUTE: Marktplatz › Esplanade › Bahnhof › Kampin Keskus › Sinebrychoff-Park › Esplanade

---

KARTE: Seite 62
DAUER: 1 Tag

PRAKTISCHE HINWEISE:

• Helsinkis Stadtmitte eignet sich für eine Besichtigung zu Fuß, denn viele Sehenswürdigkeiten liegen kompakt beisammen. Feste Schuhe sind empfehlenswert, im Sommer wegen der Kopfsteinpflasterwege, im Winter wegen der Rutschgefahr auf Eis.

• Die Tour führt an verlockenden Einkaufsmöglichkeiten vorbei – planen Sie daher etwas Zeit für Zwischenstopps ein!

TOUR-START:

Beginnen Sie Ihre Erkundung am **Marktplatz Kauppatori 1** › S. 64 – wer morgens unterwegs ist, kann sich hier erst einmal einen Kaffee mit Hafenblick gönnen. Durch den **Esplanadenpark 12** › S. 67 spazieren Sie dann zur **Keskuskatu**, folgen ihr – und kreuzen die Einkaufsstraße **Aleksanterinkatu** › S. 69 (mit Skandinaviens größtem Kaufhaus **Stockmann**). Rund um den **Bahnhofsplatz 21** › S. 70 ballen sich die Stätten der Kunst: **Ateneum, Nationaltheater** und **Kiasma 22**. Jenseits der breiten Mannerheimintie geht es zum Shoppingparadies **Kampin Keskus** › S. 69 und über die **Fredrikinkatu**, Adresse von edlen Boutiquen und Galerien, zum **Bulevardi** › S. 68. Kunstgenuss verspricht der **Sinebrychoff-Park 17** › S. 69, die Chance auf einen Flohmarktfund der **Hietalahti-Marktplatz** › S. 69. Über den Bulevardi, vorbei am **Alexandertheater** und an der **Alten Kirche 19** › S. 69, oder durch die **Iso Roobertinkatu** – ideal für einen Kaffee – bummelt man zur **Erottaja** und zurück zur **Esplanade**.

DESIGN-HELSINKI

ROUTE: Kiasma › Ateneum › Design-Museum › Design-Viertel Punavuori

KARTE: Seite 62

DAUER: 1–2 Tage
PRAKTISCHE HINWEISE:
- Kunst und Design, finnische Formgebung und Architektur stehen bei dieser Tour im Mittelpunkt.
- Design Tours Helsinki (www.design tourshelsinki.com) und Happy Guide Helsinki (www.happyguidehelsinki.com) bieten geführte Touren.
- Helsinki Card › S. 64.

TOUR-START:

Das Museum für zeitgenössische Kunst **Kiasma 22** › S. 70 und die Nationalgalerie **Ateneum** › S. 70 sind erste Musts. Beide liegen in der Nähe des **Hauptbahnhofs** › S. 70, der den Stil Ende des 19. Jhs. repräsentiert. Weiter geht es die Keskuskatu südwärts, quer durch die Esplanade und vorbei an großbürgerlichen Fassaden zur Korkeavuorenkatu. Dort zeigt das **Design-Museum 16** › S. 68 Aspekte der angewandten Kunst und wechselnde Ausstellungen, das **Architekturmuseum** c3 nebenan (Kasarmikatu 24) die enge Verbindung von Bauen und Design. Nur ein paar Schritte entfernt gibt das **Design Forum Finland** c3 (Erottajankatu 7b) Einblick in jüngste Entwicklungen. Im **Design District Helsinki** › S. 68, der sich von hier nach Westen ins Viertel **Punavuori** erstreckt, lernt man die noch weniger bekannten Künstler und Designer kennen. Zahlreiche kleine Galerien entdeckt man in den Straßen **Uudenmaankatu, Bulevardi** › S. 69 und **Annankatu** b3 – nette Lokale auch.

HELSINKI PER TRAM 2/3
★

ROUTE: Marktplatz › Senatsplatz › Hauptbahnhof › Kiasma › Parlamentsgebäude › Nationalmuseum › Finlandia-talo › Felsenkirche › Hietaniemi-Friedhof › Sibelius-Denkmal › Nationaloper › Olympiastadion › Linnanmäki › Kirche von Kallio › Stadttheater › Hauptbahnhof

KARTE: Seite 62
DAUER: ca. 1 Stunde Fahrtzeit, Gesamtdauer je nachdem, wie lange man für Besichtigungen unterbrechen möchte.

PRAKTISCHER HINWEIS:
• Die Straßenbahnlinie 2/3 fährt in einer Schleife in beiden Richtungen alle Highlights ab. Ein Stück zu Fuß, dann ein, zwei Stationen mit der Tram – so erlebt man die Großstadt einmal anders. Tickets an Automaten oder beim Fahrer; eine Fahrkarte *(kertalippu)* zu 3,20 € gilt 1 Std., die Tageskarte *(päivälippu)* zu 9 € auch auf anderen Strecken. Info: www.hsl.fi/en.

TOUR-START:

Schönster Ausgangspunkt ist der **Marktplatz Kauppatori 1** › S. 64 am Hafen. Die Tram fährt zunächst zum imposanten **Senatsplatz 11** › S. 66 und über die Einkaufsstraße **Aleksanterinkatu** › S. 69 und die

Mikonkatu in Richtung **Hauptbahnhof** › S. 70. Dort befinden sich das **Ateneum** › S. 70 sowie das **Nationaltheater** › S. 70. Die Linie kreuzt die Mannerheimintie, rechts liegen **Kiasma 22** › S. 70, das Museum zeitgenössischer Kunst, und das neue **Musikhaus.** Die 2 zieht nun eine Schleife durch den Stadtteil Töölö, wo es sich lohnt, an der **Felsenkirche** › S. 70 auszusteigen. Auf dem **Hietaniemi-Friedhof,** 500 m westlich direkt am Meer, ruhen der Baumeister Engel, Marschall Mannerheim sowie Opfer des Zweiten Weltkriegs. Schön ist hier ein Spaziergang (ca. 1 km) mit Blick aufs Wasser, Jachten und grüne Inseln nordwärts zum **Sibelius-Park.** Die Attraktion dort ist das von Eila Hiltunen geschaffene abstrakte **Sibelius-Denkmal** › S. 71.

In Höhe der **Nationaloper 25** › S. 70, auch sie strahlend weiß am Ufer des Töölönlahti, trifft die 2 wieder auf die Mannerheimintie. Hinter Bäumen taucht das **Olympiastadion** › S. 70 auf und bald erreicht man den Vergnügungspark **Linnanmäki.**

An der Strecke zurück ins Zentrum (jetzt als Linie 3) liegt die **Kirche von Kallio,** ein nationalromantischer Bau mit stattlichem Turm. Teilweise in den Fels getrieben ist Timo Penttiläs **Stadttheater** (1967) am Nordufer des Sees Eläintarhanlahti.

Die Runde kann ein ausführlicher Boutiquen- und Kaufhausbummel abschließen, den Sie bequem vom **Hauptbahnhof** oder **Dom** aus unternehmen können.

TOUREN DURCH HELSINKI

TOUR ❶

ZU FUSS DURCH DIE INNENSTADT
Marktplatz > Esplanade > Kampin Keskus > Sinebrychoff-Park > Esplanade

TOUR ❷

DESIGN-HELSINKI
Kiasma > Ateneum > Design-Museum > Design-Viertel Punavuori

TOUR ❸

HELSINKI PER TRAM 2/3
Marktplatz > Senatsplatz > Hauptbahnhof > Kiasma > Parlamentsgebäude > Nationalmuseum > Finlandia talo > Felsenkirche > Hietaniemi-Friedhof > Sibelius-Denkmal > Nationaloper > Olympiastadion > Linnanmäki > Kirche von Kallio > Stadttheater > Hauptbahnhof

1 Marktplatz Kauppatori
2 Rathaus
3 Präsidentenpalais
4 Uspenski-Kathedrale
5 Jugendstilapotheke
6 Eol
7 Katajanokka-Kasino
8 Stadthaus der Olofsburg
9 Hotel- & Kongresskomplex Marina
10 Zoll- und Packhaus
11 Senatsplatz
12 Esplanadenpark
13 Statue Havis Amanda
14 Grönqvist-Haus
15 Festsaal des Staatsrates
16 Design-Museum
17 Sinebrychoff-Kunstmuseum/Park
18 Alexandertheater
19 Alte Kirche
20 Kaufhaus Stockmann
21 Bahnhofsplatz
22 Kiasma
23 Nationalmuseum
24 Finlandia talo
25 Nationaloper
26 Felsenkirche

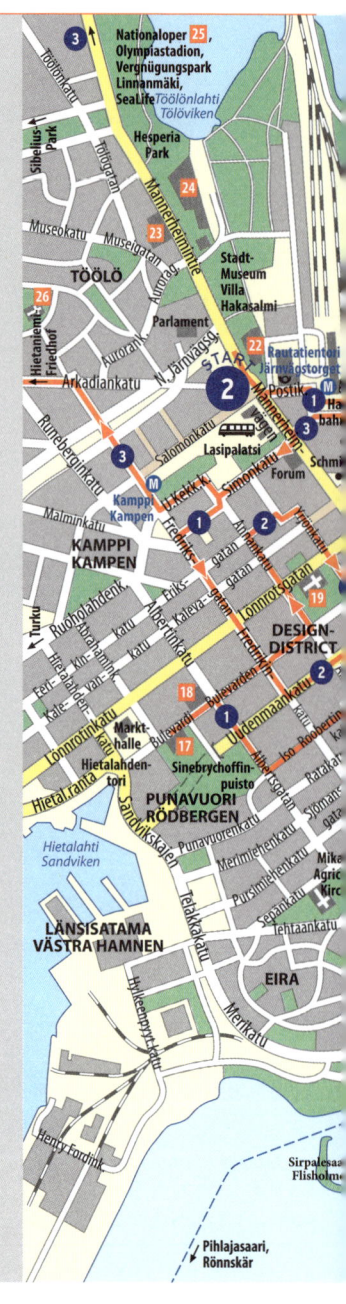

N

0   500m

Kirche von
Kallio

Porvoo
Borgå

Hakaniemi
Hagnäs

Hakaniemenranta

Siltavuoren-
salmi

Norrakajen

Sörnäistensatama
Sörnäs hamn

Korkeasaari

Zoo

Botanischer
Garten

Kaisaniemi
Kajsaniemi

Liisankatu

Elisabetsgatan

Maneesikatu

Tervasaari
Tjärholmen

Vironk Estnasg.

Meritullinkatu

Fredsg.

Mariankatu

Kirkkokatu
Kyrkog.

Pohjoisranta

Pohjoissatama
Norra hamnen
(Nordhafen)

Merikasarmin-
laituri

Ateneum
Hallitusk

Universität

Börse

Dom

Regeringsg.
Regeringspalais

Alexandersgatan

START

Laivastokatu

Marine
kaserne

Merisotilaan-
tori

Aleksanterink

Pohjoisesplanadi

Markt
Kauppatori

Matkustaja-
Terminal

Luotsikatu

Kanavak.

Kanalgatan

KATAJANOKKA
SKATUDDEN

Merikasarmink.

Katajanokanranta

Korkeasaari,
Högholmen

Esplanaden-
park

Eteläesplanadi

Markthalle

Kruunuvuorenk.

Linnankatu

Katajanokka-
Terminal

KAARTIN-
KAUPUNKI

Pohj. Makasiinik.

Eteläranta

Makasiini-
Terminal

Design
Forum
Finnland

Deutsche
Kirche

Laivasillankatu

Eteläsatama
Södra hamnen
(Südhafen)

Valkosaari
Blekholmen

Tähtitornin-
vuori

Kasern gatan

Johannis-
kirche

Observatorium

Olympia-
Terminal

Luoto
Klippan

Ryssholmen

Mannerheim-
Museum

Bergmansgatan

Itäinen Puistotie

Halvvägsholmen

Pietarinkatu

Jungfrus

Puistokatu

KAIVOPUISTO
BRUNNSPARKEN

Suomenlinna,
Sveaborg

Havsstranden

Ehrenströmintie

Särkkä
Långören

Harakka
Stora Räntan

Tallinn, Sillamäe

UNTERWEGS IN HELSINKI

RUND UM DEN MARKTPLATZ 📖 d3

Dreh- und Angelpunkt des maritimen Helsinki waren und sind seit Jahrhunderten der **Südhafen** (Eteläsatama) und der **Marktplatz Kauppatori** 1 ⭐, wo vor allem in den Sommermonaten das Leben pulsiert. Frühmorgens ist es am schönsten: Kisten mit leuchtend roten Erdbeeren und grasgrünen Erbsen werden gestapelt, kräftiges Dillaroma würzt die frische Meerluft.
› mehr S. 16 Punkt 28

An den westlichen Kais schwingen die Tore der schönen **Markthalle** ⭐ (Kauppahalli) aus der Zarenzeit auf, im **Marktcafé** nimmt man auf dem Weg zur Arbeit einen Kaffee; im Kolera-Hafenbecken verkaufen kleine Kutter frischen Fisch.

Mit der steigenden Sonne füllt sich der Platz um den »Zahnstocher«, so der Spitzname des klassi-

---

🗨 HELSINKI CARD

Sie schließt die Nutzung öffentlicher Verkehrsmittel, den Eintritt zu ca. 25 Museen, eine Stadtrundfahrt sowie Rabatte für Restaurants ein. Die Karte gilt 24 (48 €), 48 (58 €) oder 72 Std. (68 €); Verkauf online (günstiger), und an 50 Stellen, z. B. im Infobüro und in Hotels. www.helsinkicard.com

---

zistischen Obelisken am Markt. In die Nordwestecke zwischen Katariinan- und Sofiankatu fügte Engel 1833 das ursprünglich als Hotel geplante klassizistische **Rathaus** 2 ein. Das Wohnhaus eines reichen Kaufmanns wandelte er 1843 zum **Präsidentenpalais** 3 um. Seit der erste Mann im Staat im Mäntyniemi (Stadtteil Meilahti) arbeitet und wohnt, ist es nur mehr zeitweilig Residenz und Amtssitz.

Östlich davon liegt, leicht zurückgesetzt, die **Hauptwache** (tgl. Wachablösung, Di und Fr 13 Uhr Wachparade).

KATAJANOKKA 📖 d–f3

Wegen der armseligen Hütten, die Katajanokka noch im späten 19. Jh. prägten, haftete Helsinki lange der Beiname »Bretterbudenhauptstadt« an. Das Viertel auf der Halbinsel zwischen Süd- und Nordhafen hat sich jedoch gemacht. Die Renovierung der Bauten aus der Zeit um 1900 brachte den Häuserzeilen ihr Flair zurück. In die roten Speicherhäuser sind Boutiquen und Restaurants eingezogen, das Gefängnis von 1888, das noch bis 2002 Häftlinge beherbergte, dient heute als edles Quartier (Hotel Katajanokka, www.hotelkatajanokka.fi).

Am nördlichen Ufer wacht die gold-rot-blaue orthodoxe **Uspenski-Kathedrale** 4 ⭐ von 1868, eindrucksvolles architektonisches Zeugnis früherer Verbindungen

Die Köstlichkeiten im Marktcafé verführen zu einer kleinen Pause

zum russischen Reich (www.hos.fi/uspenskin-katedraali, Di–Fr 9.30 bis 16, Sa 10–15, So 12–15 Uhr).

Die Straße des Jugendstils ist Luotsikatu 📘 e3. An ihrem Westende entdeckt man links ein prachtvolles Wohnhaus mit ornamentreichen Türen, ein Entwurf des Architektenbüros Gesellius & Partner von 1897. Im Winkel zur Kruunuvuorenkatu (rechts) beherbergt ein Gebäude mit Eulen-, Fuchs- und Eichhörnchendekor eine Jugendstilapotheke 5. An der Kreuzung zur Katajanokankatu beeindrucken links das burgartige Wohnhaus Eol 6 (1901, Gesellius & Partner) und am Wasser das Kasino von Katajanokka 7 sowie rechts das repräsentative Stadthaus der Olofsburg 8 (1903, Gesellius, Lindgren, Saarinen).

Weiter östlich ankert im Nordhafen die Eisbrecherflotte. Stufen führen durch eine kleine Pforte hinab zu Engels Marinekaserne 📘 e3 (bis 1968 militärisch genutzt).

Die Strandpromenade im Süden lädt ein zu einem Spaziergang zum Katajanokka-Terminal 📘 e4. Wie eine Miniaturstadt wirken die ausladenden hohen Backsteingebäude, an deren Kais die Ostseefähren anlegen. Ein ehemaliges Kontorgebäude wandelte sich zum großen Hotel- und Kongresskomplex Marina 9.

Wenige Schritte westlich beeindruckt das imposante alte Zoll- und Packhaus 10 mit verspielten Rundtürmchen. Sein Jugendstilsaal, ein kleines Kunstwerk, ist leider selten zugänglich.

SENATSPLATZ 11 ⭐ 📖 c2–3

Der Senaatintori trägt Carl Ludwig Engels streng klassizistische Handschrift, die architektonische Harmonie macht ihn zu Helsinkis städtebaulichem Juwel – und einem der schönsten Plätze der Welt. Über dem Platz thront der **Dom** 📖 c2. Von den Granitstufen bietet sich ein wundervoller Blick auf das Platzensemble, die Ziegeldächer der Stadt und die Zwiebelkuppeln der Uspenski-Kathedrale › S. 64. Dem von Engel begonnenen Dom fügte ein anderer Preuße, Ernst Lohrmann, vier Nebentürme mit Kuppeln und vergoldeten Kreuzen an, die nicht so recht zum klaren Gesamtbild passen. Blickfang des protestantisch asketischen Inneren sind Standbilder von Luther, Melanchthon und Mikael Agricola › S. 45.

Im **Regierungspalais** 📖 d2–3 (Valtioneuvosto) an der Ostseite des Platzes arbeitet der Staatsrat. Als Senatssitz 1822 errichtet, zählt das Palais zu Engels Hauptwerken. 1904 erschoss hier der Finne Eugen Schauman den zaristischen Generalgouverneur und Scharfmacher Nikolai Bobrikow. In der Folge kam es 1905/06 zur Wiederherstellung der Autonomie, zur Einführung eines Kammerparlaments und des Frauenwahlrechts (erstmals in Europa).

Ionische Säulen zieren gegenüber, an der Westflanke des Senatsplatzes, das **Hauptgebäude der Universität** 📖 c2–3 (Yliopisto). Engel hatte den Bau als Privatresidenz des zaristischen Generalgouverneurs entworfen, doch nachdem 1827 ein Großbrand Turkus Universität zerstört hatte, zog die nach Helsinki verlegte Akademie hier ein. Eine herrliche Fassade ersann Engel für die **Universitätsbibliothek** nebenan.

In der Platzmitte ragt seit 1863 die **Statue Zar Alexanders II.** auf. Der Herrscher führte die finnische Währung (*markka*) ein, erhob Fin-

Der Aufstieg lohnt, denn von oben zeigt sich die ganze Schönheit des Senaatintori

nisch zur Amtsprache und in seiner majestätischen Haltung – der Dom als Kulisse – ist er heute Helsinkis beliebtestes Fotomotiv. Das **Sederholm-Haus** 🏛 d3, Ecke Katariinankatu, gilt als ältester privater Steinbau (1757) der Stadt. Es wird heute für Ausstellungen des Stadtmuseums genutzt.

ESPLANADENPARK

12 🏛 c3

Als grüne Ader zieht sich der Park zwischen **Nordesplanade** (Pohjoisesplanadi) und **Südesplanade** (Eteläesplanadi) vom Markt bis zum Schwedischen Theater. Schon früh verlieh Engel der *Espa*, wie die Einheimischen die Flaniermeile nennen, ihre Eleganz. Gelassen hat sie den Wandel der Zeiten überdauert. Hier symbolisiert das **Café-Restaurant Kappeli** mit seiner Freilichtbühne ein Stück wahre Identität der Hauptstädter.

Als 1908 von einem Bronzemädchen auf hohem Brunnensockel die Hüllen glitten, rangen sittenstrenge Helsinkier nach Luft. Heute erregt Ville Vallgrens wohlproportionierte **Havis Amanda** **13** am Ostende der Esplanade keinen Anstoß mehr.

Im Eckhaus Pohjoisesplanadi 19 informiert das **Tourismusbüro der Stadt.** Eine Querstraße weiter westlich steht zwischen Fabianinkatu und Kluuvikatu das von Höijer entworfene **Grönqvist-Haus** **14**. Beim Abschluss der Bauarbeiten 1883 war das Grönqvistin talo Skandinaviens größtes privates Etagenhaus.

KAFFEEHÄUSER IN HELSINKI

- **Robert's Coffee Jugend** 🏛 c3 €€€
  Benannt nach seinem schönen Jugendstilsaal, ein Café der Kunst.
  Pohjoisesplanadi 19
  www.robertscoffee.com/en/cafe/roberts-coffee-jugend/
  Mo–Fr 9–19, Sa 10–20, So 10–19 Uhr, im Sommer länger
- **Kämp Brasserie** 🏛 c3 €€€
  Zum Sehen und Gesehenwerden ist die Terrasse der ideale Platz.
  Pohjoisesplanadi 29
  www.brasseriekamp.fi
  tgl. bis 24 oder 1 Uhr
- **Café Ursula** 🏛 d5 €€
  Mit Meerblick und frischer Luft im Park Kaivopuisto.
  Ehrenströmintie 3 | www.ursula.fi
  tgl. 9–18 Uhr, im Sommer länger
- **Strindberg** 🏛 c3 €€
  Seine große Terrasse ist ein traditioneller, eleganter Treffpunkt der Hauptstädter. Edles Ambiente bieten auch Lounge und Restaurant.
  Pohjoisesplanadi 33
  www.strindberg.fi
  Mo, Di 8–22, Mi–Fr 8–21, Sa 10–21, So 12–20 Uhr
- **Fazer Café** 🏛 c3 €–€€
  »Sagen Sie Fazer, wenn Sie etwas Gutes möchten!« So lautete der alte Werbeslogan der Schokoladenfabrik. Und dasselbe gilt immer noch für das Fazer Café.
  Kluuvikatu 3 | www.fazer.fi
  Mo–Fr 7.30–22, Sa 9–22, So 10–18 Uhr

Schräg gegenüber beherbergt das älteste Haus der Südesplanade, ein Empirebau mit Balkon, den **Festsaal des Staatsrates 15** (Valtioneuvoston juhlahuoneisto). Sein Spitzname »Smolka« geht zurück auf das Smolny-Institut in St. Petersburg, das Sitz der Bolschewiken war, und erinnert an Helsinkis Besetzung durch die Roten Garden im Bürgerkrieg 1918 (Saal nicht zugänglich).

RESTAURANT

An der Südesplanade 14 besticht das **Restaurant Savoy › S. 74** mit seinem zeitlos eleganten Interieur von Aino und Alvar Aalto sowie einem herrlichen Blick von der Dachterrasse.

Der Hietalahti-Flohmarkt zieht Sammler und Souvenirjäger magisch an

SHOPPING

Auf »Finndesign« haben sich namhafte Geschäfte an der Nordesplanade spezialisiert. Sie endet im Westen bei der **Akademischen Buchhandlung 🕮 b3** (Akateeminen kirjakauppa, Ecke Keskuskatu), einer der größten Buchhandlungen Europas.

Das hufeisenförmige **Schwedische Theater 🕮 c3** ist die bedeutendste schwedischsprachige Bühne des Landes und schließt die Espa ab.

DESIGN DISTRICT 🕮 a–b3–4

Südlich der Esplanade ziehen sich die Straßen Erottajankatu und Korkeavuorenkatu durch das großbürgerliche Helsinki. Die Wende vom pompösen nationalromantischen Stil und Jugendstil zu den klaren Linien moderner Gestaltung dokumentiert das **Design-Museum 16**. Es ist in einer ehemaligen Schule aus dem Jahr 1894 untergebracht (Korkeavuorenkatu 23, www.designmuseum.fi, Sept.–Mai Di 11–20, Mi bis So 11–18, Juni–Aug. tgl. 11 bis 18 Uhr).

Die Straßen um den kleinen **Dianapark** (westlich des Museums) bilden den sog. **Design District,** wo die kreative Welt der Hauptstadt mit Handwerkern, Künstlern, kleinen Läden und trendigen Bars zusammenkommt (www.designdistrict.fi). Besonders bunt geht es im ehemaligen Arbeiterviertel **Punavuori** (»roter Hügel«) zu. Als Topadressen gelten dort **Iso Roobertinkatu** und **Fredrikinkatu.**

Der Allee **Bulevardi 🕮 a–b3** verleihen die Fassaden stattlicher

Wohnhäuser Würde. An der Ecke Hietalahdenranta/Bulevardi steht neben dem Backsteinbau der ältesten finnischen **Brauerei Sinebrychoff** das **Kunstmuseum** 17 des Firmengründers, daneben ein Park.

SHOPPING

- Als Kontrastprogramm zu Kunst und Brautechnik locken der bunte Flohmarkt (tgl. ab 8 Uhr, im Sommer auch abends) und quirliges Treiben auf dem **Hietalahti-Marktplatz** a4 sowie in der daneben gelegenen **Viktualienhalle** c3.
- Am Nordende der Fredrikinkatu wartet Helsinkis großes modernes Einkaufsparadies **Kampin Keskus** (www.kamppi.fi) mit sechs Etagen und Restaurants.

Das **Alexanderheater** 18 an der Nordseite des Bulevardi beherbergte bis 1993 die Nationaloper. Heute geben hier internationale Musikstars Gastkonzerte.

Ein kleiner Park umgibt die **Alte Kirche** 19, die 1826 als erster lutherischer Sakralbau der jungen Hauptstadt nach Plänen von Carl Ludwig Engel errichtet wurde.

ALEKSANTERINKATU IN KLUUVI   c–d3

Mannerheimintie ist Helsinkis große Nord-Süd-Verkehrsachse, Aleksanterinkatu im Viertel Kluuvi, das bis zum Bahnhof reicht, dagegen die wichtige Achse in Sachen Shopping. Den Schnittpunkt der beiden markiert die Plastik **Die Drei Schmiede,** die Spuren des Bombenangriffs von 1944 zeigt.

OUTLET-SHOPPING

- **Arabiakeskus**
  Für Fans von Glas und Porzellan ein absolutes Muss. Neben Shops und Firmenmuseum von **Arabia** und **Iittala** findet man hier auch Outlets von **Finlayson** (Heimtextilien) und **Pentik** (Geschirr/Haushaltswaren). Hämeentie 135a (Endhaltestelle Straßenbahnlinie 6)
  www.arabia.fi
  Mo–Fr 10–19, Sa, So 10–16 Uhr
- **Marimekko**
  Vergünstigte Kleidung sowie Haushaltswaren der bekanntesten finnischen Design-Marke.
  › mehr S. 17 Punkt ❸❹
  Kirvesmiehenkatu 7
  Stadtteil Herttoniemi (Metro)
  www.marimekko.fi
  Mo–Fr 10–18, Sa 10–16 Uhr
- **Aarikka**
  Schmuck und Geschirr mit lustigen Mustern, ausgefallene Haushaltswaren und Geschenkideen.
  Nokiantie 2–4 C | Vallila
  (Busse 66, 67 ab Hauptbahnhof)
  www.aarikka.fi
  Mo–Do 9–17, Fr 9–16 Uhr
- **Helsinki Outlet**
  Im Herbst 2019 bekommt Helsinki sein eigenes Outlet-Village, in dem auch viele lokale und regionale Designer vertreten sein werden. Ring III (Abzweigung von der E 75 gegenüber IKEA), 19 km Autofahrt von der Innenstadt, 10 km vom Flughafen.
  www.helsinkioutlet.fi

- In Skandinaviens größtes Kaufhaus, **Stockmann** `20`, an der Ecke Aleksanterinkatu/Mannerheimintie, lohnt es sich, wenigstens einen Blick zu werfen: Aleksanterinkatu 52, www.stockmann.com.
  > mehr S. 13 Punkt `14`
- Dahinter überdacht Glas Finnlands älteste moderne Einkaufspassage **Rautatalo** 📕 b3 mit Restaurants und Geschäften rund um einen Marmorinnenhof mit Brunnen. Dieser Komplex ist ein Werk von Alvar Aalto (1953). Keskuskato 3.
- Ein gehoben buntes Sortiment führt das Shoppingzentrum **Kauppakeskus Kluuvi** 📕 c3, Aleksanterinkatu 9.

KUNST AM BAHNHOF

Drei markante Bauwerke beherrschen den **Bahnhofsplatz** `21`: Das **Ateneum** ist das bedeutendste Museum finnischer Kunst (www.ateneum.fi, Di, Fr 10–18, Mi, Do 10–20, Sa, So 10–17 Uhr, 15 €). Vor dem **Nationaltheater** ehrt ein Denkmal den finnischen Nationaldichter Aleksis Kivi. Der **Hauptbahnhof** ⭐ (1919) selbst gilt als das wichtigste Werk der Nationalromantik. Eliel Saarinens Auftrag umfasste auch die Einrichtung des **Bahnhofsrestaurants** im Jugendstil. Bert Brecht, der eine kurze Zeit im finnischen Exil lebte, fand dort 1940 die Inspiration zu seinem Text »Flüchtlingsgespräche«.

Westlich des Bahnhofs hat die Gegenwartskunst im **Kiasma** `22` mit kühner Fassade ein baulich eigenwilliges Domizil gefunden (www.kiasma.fi, Di, So 10–17, Mi–Fr 10 bis 20.30, Sa 10–18 Uhr, 12 €).

TÖÖLÖ 📕 a1–2

Am Rand dieses großbürgerlichen Viertels reihen sich an der Mannerheimintie Beispiele für die Architekturentwicklung in Helsinki, darunter das **Parlamentsgebäude** 📕 a2 (Eduskuntatalo) und das **Nationalmuseum** `23`. Es erläutert Finnlands Vergangenheit von der Frühgeschichte bis in die Gegenwart. Fresken mit Kalevala-Motiven von Gallen-Kallela empfangen Besucher im Foyer des nationalromantischen Baus (1902) von Lindgren, Gesellius und Saarinen (www.kansallismuseo.fi/en/nationalmuseum, Di, Do bis So 11–18, Mi bis 20 Uhr, 12 €).

Vis-á-vis liegt Alvar Aaltos berühmte Konzert- und Kongresshalle **Finlandia talo** `24` ⭐ (Führungen, www.finlandiatalo.fi). 1975, im Jahr ihrer Fertigstellung, tagte darin die KSZE-Konferenz.

Nördlich säumt der **Hesperia Park** 📕 a1 das Westufer des Töölönlahti. Etwas weiter, an der Mannerheimintie, strahlt die **Nationaloper** `25` (1993) – ebenso weiß wie die Kongresshalle. Hinter der Oper befindet sich das **Olympiastadion**, wo 1952 die Spiele stattfanden. Panoramablicke eröffnet der 72 m hohe Turm.

Mit der **Felsenkirche** (Temppeliaukion kirkko) `26` ⭐ realisierten 1969 Timo und Tuomo Suomalainen ihre Vision einer Rundkirche. Die Innenräume wurden aus einem 12 m über dem Straßenniveau liegenden Felsen gesprengt. Eine Kupferdrahtkuppel überwölbt die roh belassenen Wände.

Helsinkis Bahnhof – berühmtes Bauwerk des Nationalromantikers Eliel Saarinen

Wie eine plastische Umsetzung von Musik wirkt Eila Hiltunens Stahlkonstruktion des **Sibelius-Denkmals** ⭐ im Sibelius-Park.

INFO

Städtisches Fremdenverkehrsamt
U. a. Verkauf der Helsinki Card > S. 64
• Am Hauptbahnhof, im Kaufhaus Stockmann und am Flughafen
Tel. 09-3101 3300 | www.visithelsinki.fi

VERKEHRSMITTEL

Für die öffentlichen Verkehrsmittel im Zentrum einschließlich der Nahverkehrszüge bis zur Stadtgrenze gilt die günstige Tages- bzw. Mehrtageskarte, erhältlich für 1–7 Tage. Verkauf u. a. bei den Verkehrsbetrieben im Obergeschoss des Bahnhofstunnels.

HOTELS

Hotel F6 📱 c2 €€€
2016 eröffnetes, um einen zentralen Innenhof (mit Kräutergarten) angelegtes Designhotel mit viel Sinn für Nachhaltigkeit.

• Fabianinkatu 6 | Tel. 09-6899 9666
www.hotelf6.fi

Kämp 📱 c3 €€€
Helsinkis legendäres Tophotel am Esplanadenpark bietet Gastlichkeit auf höchstem Niveau seit 1887.
• Pohjoisesplanadi 29 | Tel. 09-576 111
www.hotelkamp.fi

Klaus K 📱 a4 €€€
Designhotel, das sich an Motiven des finnischen Nationalepos Kalevala inspiriert. Individuell gestaltete Zimmer, fabelhaftes Frühstück, italienisches Restaurant mit toskanischer Küche.
• Bulevardi 2 | Tel. 020-770 4700
www.klauskhotel.com

Hellsten Helsinki Senate Apartments 📱
e3 €€
Appartements mit Service, die besten mit eigener Sauna.
• Kauppiaankatu 5 | Tel. 09-5110 5243
www.hellstenhotels.fi

HELSINKI WARTET NICHT BIS ABENDS

Im Sommer ist nicht nur das Café Mattolaituri gut besucht

Auf dem Markt am Südhafen schlürft der Minister unbeobachtet seinen Morgenkaffee, während zwischen Waldbeeren- und Kabeljauständen die ersten Touristen auftauchen. Fast nahtlos geht der Hafen in das quirlige Zentrum über, wo sich an schmalen Bürgersteigen Geschäfte und Freiluftrestaurants aneinanderreihen. Der Charme ist betagt, doch die Szene ist jung. Coole Bars sind kein Geheimtipp mehr, Helsinki genießt weltoffen.

AFTER WORK

Wer es trendig mag, muss nicht warten, bis das Nachtleben erwacht. In den Bars des alten Arbeiterviertels **Punavuori** › S. 68 trifft man sich nach Büroschluss. Und schon nachmittags füllen sich sommers die Terrassen des **Kampin Keskus** › S. 69.

Zentral an der Esplanade liegt das **Kappeli,** eines der bekanntesten und ältesten Restaurants Helsinkis. Rundum populär sind Restaurant und Terrasse, Café, Bar sowie die legendäre Freilichtbühne, wo man einfach sitzt und denen zuhört, die gerade auf dem großen Platz Musik machen. Hier gibt es kein Tor, keine Kasse.

Romantisch bei Sonnenuntergang ist die **Ateljee-Bar** des Hotels Torni in Punavuori. Von den Terrassen im 14. Stock blickt man über ganz Helsinki bis zum Meer (selbst von den stillen Örtchen).

- **Kappeli** 📘 c3 €€
  Eteläesplanadi 1
  Tel. 010-766 3880 | www.kappeli.fi
  tgl. 10–24 Uhr
- **Ateljee Bar** 📘 b3 €€
  Yrjönkatu 26 | Tel. 020-123 4604
  Mo–Do 14–1, Fr 14–2, Sa 12–2, So 14–24 Uhr

FIT FÜR LANGE NÄCHTE

Nach einer Einkaufstour durch die Boutiquen im angesagten Design-District tut man gut daran, vor Beginn der Nacht noch einmal zu entspannen und zu schwitzen. Die **Bar Loosister** ist für ihre besonders elegant designte Sauna bekannt. Und danach schmecken Bier und Burger gleich doppelt so gut.

Auch eine gute Idee: Ehe an warmen Tagen die kurze Nacht beginnt, auf der Terrasse des **Mattolaituri** in Kaivopuisto bei Tapas und Champagnercocktails mit Blick auf die Inseln im Meer chillen!

- **Bar Loosister**
  Haemeentie 50 | Tel. 08-447913116
  www.barloosister.fi
  Mo–Do 14–2, Fr–Sa 12–5, So 12–2 Uhr
- **Mattolaituri** 📘 d5
  Ehrenströmintie 3a | Tel. 04-5119 6631
  nur Juni–Aug., tgl. ab 9 Uhr

KAURISMÄKI-GEFÜHL

Schräge Typen wie in den berühmten Kaurismäki-Filmen sind rar geworden, aber man findet sie im Kulturkomplex Andorra im **Kafe Mockba** bei Wurstbroten – und gewollt einsilbig distanzierter Bedienung. Die **Corona Bar** von Aki und Mika Kaurismäki mit Billardtischen gehört für jeden Filmfan zum Helsinki-Programm.

- **Kafe Mockba, Corona Bar & Billiard** 📘 a3 €–€€
  Eerikinkatu 11 | Tel. 020-175 1620
  http://andorra.fi | tgl. 11/12–2 Uhr

WELTSTADTNÄCHTE

In Helsinkis Klubs tanzt man bis in die frühen Morgenstunden. Im **Kuudes Linja** oder **Maxine** (mit Panoramablick) treffen sich die Jungen und Trendigen. **Kaarle XII,** der Tipp für donnerstags, passt für jede Altersklasse. Finnische Rocklegenden treten in der **Bar Bäkkäri** auf. Gechillt wird auf der Terrasse und in der Lounge.

In Klubs und Discos beträgt das Mindestalter 18, mancherorts 22 oder sogar 24 Jahre. Jugendliche sollten immer einen Ausweis bei sich haben. Eintrittsgeld ist üblich.

- **Kuudes Linja** €€
  Hämeentie 13 | Tel. 040-539 7599
  www.kuudeslinja.com
  So, Di–Do 21–3, Fr, Sa 22–4 Uhr
- **Maxine** €€
  Urho Kekkosen katu 1a
  Tel. 040-175 9838 | www.maxine.fi
  Fr–So 22–4.30 Uhr
- **Kaarle XII (»Kalle«)** 📘 c3 €
  Kasarmikatu 40 | Tel. 09-612 9990
  www.kaarle.com
  Do–Sa 20–4, sonst auf Anfrage
- **Bar Bäkkäri** 📘 a2 €€
  Pohjoinen Rautatiekatu 21
  Tel. 040-768 1881 | www.bakkari.fi
  tgl. 17–3 Uhr
- **El Patron** 📘 b3 €€€
  Hippe Disko, in der zu House, Techno, Elektronik und Latin Music getanzt wird.
  Simonkatu 6 | Tel. 08-44763 7752
  www.elpatron.fi
  Mi–Do 22–4, Fr, Sa 22–4.30 Uhr

RESTAURANTS

Olo 🖼 d3 €€€
Feinste moderne finnische Küche, lange im
Voraus reservieren! Erschwinglicher Lunch.
• Pohjoisesplanadi 5 | Tel. 010-320 6250
  www.olo-ravintola.fi | So, Mo geschl.

Savoy 🖼 c3 €€€
Topklasse seit 1930, Inneneinrichtung von
Alvar Aalto. Finnische Spezialitätenmenüs,
z. B. mit delikatem Renfilet.
• Eteläesplanadi 14 | Tel. 09-6128 5300
  www.ravintolasavoy.fi | Sa, So geschl.

Restaurant Carelia €€
Eingerichtet in einem Jugendstilgebäude,
bietet dieses Restaurant finnische Küche
mit dem Flair einer französischen Brasserie.
• Mannerheimintie 56 | Tel. 09-2709 0976 |
  www.carelia.info | So geschl.

Elite 🖼 a1 €−€€
Im »Elite« trifft sich die Kunstwelt seit
70 Jahren.
• Eteläinen Hesperiankatu 22 (Töölö)
  Tel. 09-6128 5200 | www.elite.fi

BLINIt Russian Restaurant €
Die leckersten original russischen Blinis
der Stadt in zahlreichen Varianten. Eine
Portion kostet um die 7,50 €.
• Sturenkatu 9 | Tel. 040-0909 603
  www.blinit.fi | Mo geschl.

AUSFLÜGE VON HELSINKI

SUOMENLINNA

Helsinkis beliebtestes Ausflugsziel
ist die im 18. Jh. auf vier Inseln südlich der Stadt erbaute Seefestung,
eine der weltweit größten dieser Art
und UNESCO-Weltkulturerbe. 850
Bewohner leben hier, es gibt einige
Einkaufsmöglichkeiten und Restaurants.

Die Anlage mit den einzigartigen
Meerespanoramen und dem Blick
auf die Stadt ist schon Grund genug
für die Bootsfahrt. Aber darüber hinaus unterhalten **sechs Museen**
samt dem **U-Boot »Vesikko«**, nette
Cafés und ein **Sommertheater.** Das
Gelände ist ideal zum Picknicken

Die Seefestung Suomenlinna, »Finnenburg«, wurde bis 1973 noch militärisch genutzt

oder um mit Kindern auf Entdeckungsreise zu gehen. Man kann leicht den ganzen Tag in Suomenlinna verbringen, im Sommer lockt zudem ein **Badestrand.** Für den Inselbesuch empfehlen sich feste Schuhe und winddichte Kleidung.

Suomenlinna ist von Helsinkis Marktplatz mehrmals stündlich mit der Fähre oder dem teureren Wasserbus zu erreichen. Die Helsinki Card › S. 64 gilt für die Überfahrt und einige der Museen (Besucherzentrum Tel. 0295-338 410, www. suomenlinna.fi)

VILLA HVITTRÄSK

Viele Ideen der modernen Baugestaltung, die in Tapiola › S. 79 und Otaniemi umgesetzt wurden, gehen auf die Architekten Eliel Saarinen, Armas Lindgren und Herman Gesellius zurück. Ihre frühen nationalromantischen Visionen spiegelt exemplarisch die im Jahr 1902 aus heimischem Granit und Kiefernholz erbaute Villa Hvitträsk in **Kirkonummi** wider. Die drei befreundeten Architekten schufen mit ihrem gemeinsamen Wohn- und Atelierkomplex eine »Finlandia der Architektur«. Baugestaltung und Innendekor vereinen tradierte Elemente karelischer Bauernhäuser, mittelalterlicher Burgkultur und des Jugendstils zu einer harmonischen, eigenwilligen Komposition. Doch das Dekor hatte sich unterzuordnen und gab damit der Funktionalität Raum. Heute ist die Villa als **Museum** zu besichtigen (30 km von Helsinki entfernt, Abfahrt von der E 3 Ring III; www.kansallismuseo.fi/en/

hvittrask, Mai–Sept. Mi–So 11 bis 17 Uhr, 9 €). Sie ist zugleich Freizeit- und Konferenzzentrum mit Restaurant und Café im Jugendstilambiente.

HELSINKI GRATIS

- Der Besuch von **Suomenlinna,** eine der größten Seefestungen der Welt und Weltkulturerbe, kostet nur die Fähre dorthin › S. 74.
- Viele Museen verlangen am ersten Freitag des Monats keinen Eintritt, z. B. **Kiasma** und das **Architekturmuseum.** Das **Stadtmuseum** ist immer kostenlos, das **Nationalmuseum** freitags.
- Auf der **Esplanade** kann man ohne Eintritt jede Menge Musik hören, besonders gute während der Festivals Jazz Espa im Juli und Etno Espa im August.
- Der Eintritt in den Vergnügungspark **Linnanmäki** ist umsonst, auch in den Panoramaturm (Tivolikuja 1, www.linnanmaki.fi).
- Den **Botanischen Garten** 📖 c1 (Unioninkatu 44, www.luomus.fi) kann man gratis genießen, nur die Gewächshäuser verlangen Eintritt.
- **Internet** ist in den öffentlichen Bibliotheken immer kostenlos. Auch im Stadtzentrum findet man viele kostenlose WLAN-Zonen, z. B. rund um das Zeitungsgebäude des Helsingin Sanomat in Hauptbahnhofsnähe und in den meisten Einkaufszentren.

SÜDFINNLAND

Für Finnland sind die rot gestrichenen Häuser typisch

Malerische Küstenorte wie Porvoo, moderne Archi-
tektur in wegweisenden Satellitenstädten, freund-
liche Wiesenlandschaften, beeindruckende Strom-
schnellen in Imatra, und Lappeenranta, Lahti oder
Tampere als Tore zu riesigen Seengebieten.

»Typisch finnisch«, denkt man bei der Fahrt von Helsinki nach Porvoo, weit und breit Idyll: kleine Orte mit roten und gelben Holzhäusern, malerische Landstraßen durch Wald und Wiesen. Porvoos Altstadt halten auch die Finnen für eine der schönsten im Land.

Weiter im Südosten, im Kymijoki-Tal und in Südkarelien, spürt man bereits östliche Einflüsse – und hört, dass überraschend viel Russisch gesprochen wird. Besuche in Imatra an den schon vor hundert Jahren berühmten Stromschnellen und in Lappeenranta am großen Saimaa-See bleiben unvergesslich. Beliebte Ziele für Städtereisen sind Tampere, Lahti und Hämeenlinna, zudem gut erreichbar mit öffentlichen Verkehrsmitteln. Im Süden ist ihr Netz noch relativ dicht.

TOUREN IN SÜDFINNLAND

SÜDKÜSTE & KYMIJOKI-TAL

ROUTE: Helsinki › Porvoo › Kotka › Hamina › Imatra › Lappeenranta › Kouvola › Helsinki

KARTE: Seite 80
DAUER: 4–5 Tage (ca. 540 km)
PRAKTISCHER HINWEIS:
• Das Auto bietet die größte Flexibilität, doch zu den meisten Zielen dieser Tour gelangt man auch recht bequem mit Zug oder Bus.

TOUR-START:
Nur 50 km entfernt von Helsinki liegt die Kleinstadt **Porvoo** 3 › S. 80 mit malerischen Winkeln in der Altstadt. Weitere Stopps lohnen in dem alten Kurort **Loviisa** 4 › S. 82 und an den Sandstränden von Pyhtää › S. 82. Den Tag beschließen Sie in **Kotka** 5 › S.82, der Seemannsstadt Finnlands. Nach dem Besuch in **Hamina** 6 › S. 82 führt Sie die Tour am 2. Tag nach **Imatra** 8 › S. 83. Lassen Sie sich hier Zeit, um die Stromschnellen und das **Staatshotel** im Jugendstil anzusehen. Tags darauf geht es nach **Lappeenranta** 7 › S. 83, zu einer Tour auf dem **Saimaa**-Kanal, und am letzten Tag mit Ausflügen bei **Kouvola** 9 › S. 84 zurück nach Helsinki.

TOUR
5

STADT, LAND, FLUSS UND MEHR

ROUTE: Tampere > Iittala > Hämeenlinna > Lahti > Tampere

KARTE: Seite 80
DAUER: 3 Tage (ca. 275 km)
PRAKTISCHE HINWEISE:
- Die Tour eignet sich v. a. für Rei-
sende, die nach Tampere fliegen.
Wer in Helsinki ankommt, kann in
den Bus einsteigen und die Tour in
Hämeenlinna beginnen.
- Zwischen den Städten gibt es gute
Bus- und Bahnverbindungen (Bus:
www.matkahuolto.fi, Bahn: www.
vr.fi).

TOUR-START:

Tampere 10 › S. 84 als Ausgangspunkt der Tour bietet Spaß – insbesondere für Familien: Der Freizeitpark Särkänniemi unterhält Kinder
jeden Alters und in den vielen Museen, z. B. im Museumsviertel Amurin työläismuseokortteli und im
einmaligen Lenin-Museum, vergeht
die Zeit wie im Flug. Beeindruckend ist die moderne, stellenweise
futuristisch anmutende Architektur
der Stadt.

Südöstlich von Tampere ist das
Glaszentrum **Iittala** 12 › S. 87, wo
man bei der Produktion zuschauen
kann, unbedingt einen Zwischenstopp wert, ehe man **Hämeenlinna**
13 › S. 87 ansteuert. Hier füllen die
Burg Häme, das Gefängnismuseum
und der Park Aulanko gut ein Ta-
gesbesuchsprogramm. Musikinter-
essierte fügen einen Besuch in Jean
Sibelius' Geburtshaus im Stadtzen-

Die Burg Häme in Hämenlinna

trum an. Als Übernachtungsort mag **Lahti** 14 › S. 88 am folgenden Tag nicht überwältigen, doch viele begeistern die Sprungschanzen, kennt sie doch jeder aus dem Fernsehen. Wer noch nicht genug von Sport hat, kann im Skimuseum mit Skisprungsimulator der Leidenschaft der Finnen nachspüren. Lohnend ist auch eine Schiffsreise über den Päijänne-See.

Falls Zeit übrig ist, könnte man ab Tampere einen Abstecher nach **Nokia** 11 › S. 87 einplanen.

UNTERWEGS IN SÜDFINNLAND

VANTAA 1 📖 B8

Finnlands viertgrößte Stadt (Vanda; ca. 219 000 Einw.) bildet mit Espoo und der Landeshauptstadt den Großraum Helsinki, in dem fast jeder fünfte Finne wohnt. Ein Besuch in der Satellitenstadt lohnt sich schon allein wegen des herausragenden **Wissenschaftszentrums Heureka.** Dort werden auf unterhaltsame Weise für Jung und Alt naturwissenschaftliche Themen interaktiv aufbereitet.

ESPOO 2 📖 B8

Espoo (Esbo; 274 000 Einw.) liegt an der Schärenküste in einem der ältesten Siedlungsgebiete des Landes. Es wird auch Finnland im Miniaturformat genannt. Der Telekommunikationskonzern Nokia hat hier seinen Hauptsitz und der **Nationalpark Nuuksio** liegt vor den Toren der Stadt. › mehr S. 16 Punkt 32

Nach Plänen berühmter Architekten entstand 1951 die **Gartenstadt Tapiola** ⭐: ein in nordisches Grün gebetteter Wohnbezirk für 30 000 Menschen aller Schichten.

Aus einer früheren Druckerei in Tapiola, deren Architektur schon in den 1960ern Aufsehen erregte, wurde der große **WeeGee-Kulturkomplex** mit fünf Museen, darunter **EMMA** ⭐, Finnlands größtes Museum für moderne Kunst (www.wee gee.fi, www.emma.museum./en, Di, Do, Fr 11–18, Mi 11–19, Sa, So 11 bis 17 Uhr, 12 €).

Das **Gallen-Kallela Museum,** früher Heim und Atelier dieses Künstlers › S. 47, bewahrt die Atmosphäre am Ende des 19. Jhs., als sich Finnlands Kunst neu orientierte (Gallen-Kallelantie 27, www.gallen-kallela.fi, Mitte Mai–Aug tgl. 11–18, sonst Di–So bis 16/17 Uhr, 9 €).

Mit Bussen von Espoo Central zu erreichen ist **Serena,** der größte Wasserpark der nordischen Länder. Im Winter öffnet hier ein Skizentrum (Tornimäentie 10, www.sere na.fi, Juni–Mitte Aug. 11–20, sonst Sa, So 11–19 Uhr, 25,50 €).

INFO

Visit Espoo

• Im Einkaufszentrum Espoontori Kamreerintie 3 C | Tel. 043-824 6866 www.visitespoo.fi

HOTELS

Hanaholmen €€€
Skandinavisch modern wohnen auf einer grünen Landzunge.
• Hanasaarenranta 5 | Tel. 09-435 020
www.hanaholmen.fi

Sokos Hotel Vantaa €€
Ansprechendes modernes Design.
• Hertaksentie 2 | Tel. 020-123 4618
www.sokoshotels.fi

RESTAURANTS

Haikaranpesä (Wasserturm) €€€
Feine Seafood-Gerichte und dazu ein 360°-Panorama.
• Hauenkallio 3 | Tel. 09-452 4254
www.ravintolahaikaranpesa.fi
Mo–Fr 11–16, Sa, So 12–18 Uhr

Haukilahden Paviljonki €€
Maritimes Ambiente im Stil eines Jacht-klubs; viel Fisch und Meeresfrüchte.
• Mellstenintie 12 | Tel. 010-841 9190
www.haukilahdenpaviljonki.fi
Mo–Fr 9–15, Sa, So 10–17 Uhr

PORVOO 3 📖 B8

Seit 1346 genießt das charmante Porvoo (Borgå; 50 000 Einw.) Stadt-rechte. Die Reihe der roten **Spei-cherbauten** 3 am Porvoonjoki lässt die Atmosphäre des frühen Handelsplatzes erahnen. Zu seinem Schutz entstand um 1200 die Fes-tung **Linnanmäki,** die eine weite Rundsicht erlaubt. Von der alten Brücke blickt man in die malerische

TOUREN IN SÜDFINNLAND

TOUR 4

SÜDKÜSTE & KYMIJOKI-TAL
Helsinki › Porvoo › Kotka › Hamina › Imatra › Lappeenranta › Kouvola › Helsinki

TOUR 5

STADT, LAND, FLUSS UND MEHR
Tampere › Iittala › Hämeenlinna › Lahti › Tampere

Altstadt mit ihren Holzhäusern. Der **Dom** erlangte 1809 nationale Bedeutung, als dort Zar Alexander I. gelobte, die Rechte der Finnen zu achten. In der Wahlheimat vieler Künstler erinnert das **Runeberg-Haus** an den Dichter J. L. Runeberg > S. 106, der hier 25 Jahre wohnte.

INFO

Tourist Information
- Läntinen Aleksanterinkatu 1
  Tel. 040-489 9801 | www.visitporvoo.fi

HOTEL

Hotelli Onni €€€
Intimes Boutiquehotel in einem renovierten Altstadthaus des 18. Jhs. mit eleganten Zimmern und vorzüglicher moderner Küche.

- Kirkkotori 3 | Tel. 044-534 8110
  www.onniporvoo.fi/en/

RESTAURANTS

Wanha Laamanni €€
In Domnähe, schmuckes Restaurant für finnische Spezialitäten in einem alten Holzhaus mit Kamin.
- Vuorikatu 17
  Tel. 020-752 8355
  www.wanhalaamanni.fi
  Mo-Sa 11–23, So 12–20 Uhr

Café Helmi €
Kaiserlicher Kaffee- und Teegenuss mit punschgetränkten Runeberg-Törtchen.
- Välikatu 7 | Tel. 019-581 437
  www.teehelmi.fi
  Mo-Sa 10–18, So 11–18 Uhr

LOVIISA 4 📖 C8

Bei der 1745 gegründeten Handels-stadt (15 300 Einw.) verlief 1743 bis 1809 die Grenze zwischen Finnland (damals schwedisch) und Russland. Danach wurde sie ostwärts an den Kymijoki verschoben. Das 1805 neu angelegte Zentrum – die Stadt war ein bekannter Kurort – lädt zu einem Spaziergang ein.

Im Sommer pendeln Boote zur Bucht **Loviisanlahti**, wo die sehens-werten Reste der Festung **Svarthol-ma** liegen. Richtung Kotka verlocken die Sandstrände von **Pyhtää** zu einem Halt.

KOTKA 5 📖 C8

In der Hafenstadt (54 300 Einw.) ist das **Meeresmuseum Vellamo** – eine grandiose Welle in Glas und Stahl – schon allein architektonisch eine Sensation. Hinzu kommen erstklassige Ausstellungen zu mari-timen Themen; von 1908 stammt der Eisbrecher »Tarmo« (www.me rikeskusvellamo.fi, Di, Do–So 10 bis 17, Mi 10–20 Uhr, 10 €).

Das faszinierende **Maretarium** zeigt in 20 Aquarien die Meereswelt (Sapokankatu 2, www.maretarium. fi, tgl. 10–17, Sommer bis 19 Uhr, Nov.–Feb. Mo, Di geschl., 14,50 €, Kinder 7,50 €).

Das Bombardement einer briti-schen Flotte im Krimkrieg, das Stadt und Festungswerke zerstörte, hat die orthodoxe **Nikolauskirche** (1795) verschont. An Europas größte Seeschlacht (1790) erinnert ein Gedenkstein auf der Insel Va-rissaari (Boote Mai–Aug.; Restau-rant Fort Elisabeth, €€).

Im Sommer lockt die Überfahrt auf die Insel **Kaunissaari** mit einem hübschen Fischerdorf und dem Info-zentrum des Meeresnationalparks. Erholung bietet der Park **Langinko-ski** (5 km nördl.) mit Stromschnel-len am Kymijoki und der **Fischer-hütte Zar Alexanders III.** von 1889 (www.kansallismuseo.fi/en/ › Mu-seums and Castles, Juni–Aug. tgl. 11–18, Sept. Di–So 11–16 Uhr, 6 €).

Im Juli steigen in Finnlands größtem Exporthafen die **Seetage** mit einem sehr atmosphärischen **Seemannsliederfestival.**

INFO
Kotka Tourist Information
• Keskuskatu 6 | Tel. 040-135 6588
  www.visitkotkahamina.fi

HOTEL
Sea Hotel Mäntyniemi €€
Herrliche Lage auf einer bewaldeten See-Insel zwischen Loviisa und Kotka mit Rauchsauna, Bootsverleih und einem vorzüglichen Restaurant.
• Mäntyniementie 268 | Siltakylä
  Tel. 05-353 3100
  www.hotelmantyniemi.fi

HAMINA 6 📖 C8

Die große Attraktion der Stadt (20 800 Einw.) an der Königsstraße nach St. Petersburg ist der rondell-förmige **Stadtkern**: ein achteckiger Marktplatz, von dem acht Straßen ausstrahlen. In seiner Mitte steht das **Rathaus** von 1789 (erneuert 1840 von C. L. Engel). Als Hamina

1721 durch den Frieden von Uusikaupunki an die russische Grenze rückte, zog Schweden hier als Ersatz für Vyborg ein Bollwerk auf. Bis 1812 bauten es die Russen aus, doch unter Beschuss kam es nie.

RESTAURANTS

Kamu! €€
Finnische Spezialitäten mit viel Flair in der Bastion, darunter Räucherlachs.
• Raatihuoneenkatu 12 | Tel. 044-728 0175
www.ravintolakamu.fi
Mo–Do 11–21, Fr, Sa 11–22 Uhr

Konditoria Huovila €
Preisgekrönt: der köstliche Geleekuchen.
• Fredrikinkatu 1 | Tel. 05-344 0930
www.konditoriahuovila.com

LAPPEENRANTA 7 ▌▐ C8

Im Jahr 1649 erteilte die schwedische Königin Kristina Lappeenranta (73 000 Einw.) Stadtrechte, 1741 wurde es mit Ausnahme der Festungswälle völlig zerstört und dem russischen Reich angegliedert. Der im Industrievorort Lauritsala beginnende **Saimaa-Kanal** verbindet seit 1856 auf 43 km die Seenplatte mit dem Finnischen Meerbusen. Lappeenranta ist daher Startpunkt für Touren auf der Seenplatte und dem Saimaa-Kanal, von Mai bis September auch für Kreuzfahrten nach Ostkarelien ins russische Vyborg (Saimaa Travel, www.saimaatravel.fi, kein Visum notwendig).

Das **Rathaus** geht auf einen Entwurf Carl Ludwig Engels zurück. In der Kauppakatu entdeckt man die **Holzkirche von Lappee** (1792), im Festungsviertel Linnoitus Finnlands älteste **orthodoxe Kirche** (1785) und in Lauritsala die tempelartige Kirche »**Licht des Himmels**«.

Eines der ältesten Holzhäuser der Stadt war für vier Generationen das Zuhause der reichen russischen Familie **Wolkoff**. Edel eingerichtet, fungiert es seit 1993 als **Museum** (Kauppakatu 26, Juni–Aug. Mo–Fr 10–18, Sa, So 11–17, Winter Sa, So 11–17 Uhr, 9 €).

INFO

Tourist Office
• Brahenkatu 1 | Tel. 05-667 788
www.gosaimaa.fi

HOTEL

Salpalinjan Hovi €€
In einem ehemaligen Schulhaus 9 km westlich in der Nähe eines Sees untergebrachtes Boutiquehotel mit sechs individuell gestalteten Zimmern, alle mit Kochgelegenheit. Sauna und Spa.
• Vanha Mikkelinte 125, Rutola
Tel. 050-336 0986
www.salpalinjanhovi.com

RESTAURANT

Wolkoff €–€€
Europäisch-russische Gaumenfreuden in edler Umgebung.
• Kauppakatu 26 | Tel. 05-415 0320
www.wolkoff.fi | So geschl.

IMATRA 8 ▌▐ D8

Die 1948 am Vuoksi gegründete Stadt (27 700 Einw.) erreicht man durch dichte Wälder entlang der Grenze (Übergang Svetogorsk). Ihren Aufstieg zu einem Zentrum der

Großindustrie verdankt sie dem Kraftwerk an den **Stromschnellen Imatrankoski**. Wenn im Sommer die gestauten Wassermassen freigelassen werden, stürzen sie ca. 20 Min. lang in ungezügelter Schönheit hinab (Ende Juni–Mitte Aug. tgl. 18 Uhr; Kraftwerk 11–17 Uhr). Beiderseits des Flusses erstreckt sich der Park **Kruunupuisto** (mit Aussichtspavillon). Den Blick auf das Spektakel haben auch einige Gäste des historischen **Staatshotels Imatran Valtionhotelli** in einem Schlösschen. Dessen Interieur ist schönster Jugendstil.

HOTEL

Imatran Valtionhotelli €€€
Opulente Ausstattung, teils Jugendstil, teils hypermodern im neuen Teil mit großzügigem Spa.
• Torkkelinkatu 2 | Tel. 05-789 930
  www.scandichotels.de

RESTAURANT

Buttenhoff €€
Gepflegtes Restaurant mit authentischer russisch-karelischer Küche.
• Koskenparras 4 | Tel. 05-476 1433
  www.buttenhoff.fi
  Mo–Fr 11–22, Sa 12–22 Uhr, So geschl.

ANJALANKOSKI 9 IN KOUVOLA ◼ C8

Anjalankoski gehört seit 2009 zur Großgemeinde **Kouvola.** An den **Stromschnellen des Kymijoki** reizen Wildwasserfahrten, und sehenswerte Gutshöfe lohnen einen Besuch, z.B. das **Herrenhaus Anjala**

(18. Jh.), heute ein Museum (Mitte Mai–Mitte Aug. 11–17 Uhr). In Kouvola haben Familien Spaß im Vergnügungspark **Tykkimäki** (www.tykkimaki.fi). 30 km nordwestlich gehört die imposante **Kartonfabrik von Verla** aus dem späten 19. Jh. mit ihren über 60 Gebäuden zum UNESCO-Weltkulturerbe. Wasser und Wald waren das Kapital der Papiermühlen (www.verla.fi, Mitte Mai–Sept. Di–So 10–17 Uhr, 10 €). Nahebei sind **Felszeichnungen** aus der Zeit um 7000 v. Chr. zu sehen.

TAMPERE 10 ◼ B7

Tammerfors (228 000 Einw.), wie die Stadt schwedisch heißt, entstand um 1800 an einer Landenge zwischen den Seen Näsijärvi und Pyhäjärvi. Mitten im Zentrum bietet die Stromschnelle **Tammerkoski** Möglichkeiten zum Lachsangeln (ca. 8 €/Tag).

Einen Rundgang sollte man auf der **Hämeenkatu** beginnen, die über die **Hämeensilta-Brücke** ins Zentrum führt. Im Sommer sind die Parks zu beiden Uferseiten beliebte Treffpunkte mit Blick auf die noch als Wasserkraftwerke genutzten alten Fabriken und den Hafen am Marktplatz **Laukontori.**

SHOPPING

Abwechslung bieten Abstecher zur umgebauten Ziegelfabrik **Kehräsaari** mit Boutiquen und Werkstätten östlich des Laukontori, in das Kunstgewerbezentrum **Verkaranta** am Fluss (Verkatehtaankatu 2) und in die ehrwürdige **Markthalle** in der Hämeenkatu.

Vielen Interessen kommt die breit gefächerte Palette der sehenswerten Museen in Tampere entgegen: das **Lenin-Museum** (Hämeenpuisto 28), das beliebte **Mumintal** im Kunstmuseum (Puutarhakatu 34) sowie das **Finlayson Centre**, hervorgegangen aus einer von einem Schotten 1820 gegründeten Baumwollspinnerei. Hier findet man u. a. das **Spionmuseum** (Satakunnankatu 18) sowie das **Arbeitermuseum Werstas** (Väinö Linnan aukio 8).

Viel Zeit sollte man **Amurin työläismuseokortteli** widmen, dessen Gebäude 1880–1900 entstanden. Die Darstellung der Wohnverhältnisse der Arbeiter 1910–1970 ist Schwerpunkt des Museumsquartiers (Makasiinikatu 12, www.museokortteli.fi, Mitte Mai–Mitte Sept. Di–So 10–18 Uhr).

Im großen **Freizeitpark Särkänniemi** kann man den Blick vom 168 m hohen Aussichtsturm Nä-sinneula, Finnlands höchstem Bauwerk, genießen oder im Drehrestaurant speisen. Zeitgenössische Kunst im **Sara-Hildén-Museum**, das Aquarium-Planetarium, ein Streichelzoo und rasante Fahrgeschäfte runden das Angebot des Parks ab (www.sarkanniemi.fi, Öffnungszeiten saisonal).

In der zwischen 1902 und 1907 errichteten **Domkirche** (Tuomiokirkko) aus blaugrauem Granit, bemerkenswertes Werk der Nationalromantik, fesseln die Mosaikfenster von Magnus Enckell sowie Hugo Simbergs 40 m langes Fresko durch nüchterne Symbolik. Die **Kaleva-Kirche** (1960) von Reima Pietilä beeindruckt mit ihrem 30 m hohen Schiff. Die neuzeitliche Architektur repräsentieren **Tampere talo** (1990), die funktional-futuristische Kongress- und Konzerthalle von Esa Piiroinen und Sakari Aartelo, sowie die **Bibliothek** (1986). Den Archi-

Tamperes alte Fabriken werden heute als Wasserkraftwerke genutzt

tekten Raili und Reima Pietilä zu-
folge symbolisiert die Kuppel das
Weltall.

INFO

Visit Tampere
- Hämeenkatu 14 B (im Theater)
  Tel. 03-5656 6800 | www.visittampere.fi

DIE SCHÖNSTEN MÄRKTE

In fast jeder finnischen Stadt wird
Mo–Fr vormittags Markt abgehalten. Besonders vielfältig sind die
großen monatlichen Märkte *(Ku-
ukausimarkkinat),* die Tage sind bei
der Touristinformation zu erfragen.
- Kaffeetrinken zwischen Wald-
  beeren- und Kabeljauständen: Die
  Atmosphäre auf Helsinkis Markt-
  platz **Kauppatori** ist frühmorgens
  im Sommer ein Erlebnis > S. 64.
- Auf Helsinkis **Hietalahti-Floh-
  markt** lassen sich so manche
  Schnäppchen erstehen > S. 69.
- In **Lahti** ist immer am ersten
  Samstag des Monats großer
  Kuukausismarkkina > S. 88.
- Ein Bummel über den **Markt** und
  durch die **alte Markthalle** gehört
  zum Besichtigungsprogramm in
  Turku. > S. 98.
- Auf dem **Marktplatz von Kuopio**
  verkaufen Frauen werktags u. a.
  Roggenbrot mit Fleisch- und
  Fischfüllung > S. 120.
- Auf den Marktplatz und in den
  Markthallen von **Oulu** > S. 136
  gibt es Spezialitäten aus Nord-
  finnland zu kaufen.

HOTELS

Scandic Tampere Station €€€
Elegantes Hotel am Bahnhof mit sehr
geschmackvoll in Grau, Weiß und Pink
gehaltenen Zimmern. Freundlicher Service,
sehr gutes Frühstücksbüffet.
- Ratapihankatu 37 | Tel. 03-339 8000
  www.scandichotels.com

Sokos Hotel Ilves €€€
Modernes Stadthotel direkt an der Strom-
schnelle; sechs Restaurants.
- Hatanpään valtatie 1
  Tel. 020-123 4631
  www.sokoshotels.fi

Dream Hostel €–€€
Eines der besten Hostels Finnland, im
Obergeschoss auch Zimmer mit eigener
Dusche/WC. In Bahnhofsnähe.
- Åkerlundinkatu 2 | Tel. 045-236 0517
  www.dreamhostel.fi

RESTAURANTS

Bertha €€€
Vielleicht das beste Restaurant der Stadt,
dessen viel gerühmte moderne finnische
Küche aus organischen Zutaten in 4- bis
6-gängigen Menüs serviert wird. Vorzüg-
liche Weine.
- Rautatienkatu 14 | Tel. 0400-355 477
  www.bertha.fi
  Di–Fr ab 16.30, Sa ab 13 Uhr

Restaurant Astor €€
Gepflegt-locker, internationale Küche
mit edler Weinliste. Auch Pianobar.
- Aleksis Kiven katu 26 | Tel. 010-321 1600
  www.ravintola-astor.fi

Kauppahalli €–€€
In der Markthalle kann man sehr gut und
günstig frühstücken und zu Mittag essen.

• Hämeenkatu 19 | Tel. 040-727 6331
www.kauppahallinkotilounas.fi
Mo–Fr 8–17.30, Sa 8–16 Uhr

NOKIA 11 📍 B7

Echte Attraktionen fehlen der Kleinstadt. Dennoch zieht es viele dorthin, wo Finnlands Firmenriese **Nokia** der Aufstieg in die technologische Weltspitze gelang – 1865 gegründet als Papierfabrik, später auch Hersteller von Gummistiefeln und -reifen! Die Fabrik steht noch am Nokia-Fluss und die unabhängige Firma Nokian Tyres produziert Gummiartikel vor Ort (gute Busverbindungen von Tampere, Fahrzeit 30 Min.).

HOTEL

Spa-Hotel Rantasipi Eden €€–€€€
Kinderfreundliches Spa-Hotel am See, oft mit Familienangeboten.
• Paratiisikatu 2 | Nokia
Tel. 03-4108 1627
www.scandichotels.de

IITTALA 12 UND UMGEBUNG 📍 B8

Im **Glaszentrum Iittala** ⭐ 4 sind die Anfänge der Glasbläserei sehr schön dokumentiert. Hier wirkten namhafte Designer, deren Werke im **Museum** (Juni–Aug. Di–So 11–17, sonst Sa, So 11–17 Uhr, 4 €) zu besichtigen sind. Ein lohnendes Ziel ist Iittala auch für Schnäppchenjäger, denn der Glasverkauf ab Fabrik bietet Preisvorteile (sehr günstige Waren zweiter Wahl). Auf Wunsch kann man hier sogar sein eigenes Unikat anblasen (Iittala Glass Centre, tgl. Mai–Aug. 10–20, sonst 10 bis 18 Uhr, www.iittala.com). › mehr S. 18 Punkt 39

Naivistit Iittalassa ist das Ereignis des Sommers, eine farbenfrohe Ausstellung naiver Kunst (Hollaajantie 2, www.naivistit.fi, Ende Mai bis Aug. tgl. 10–19 Uhr).

Auf der Landesstraße 3, einige Kilometer nördlich von Iittala, überspannt eine pittoreske **Hängebrücke** die Enge des Sees Vanajavesi. Noch vor der Brücke (Abfahrt Toijala), in **Sääksmäki**, gibt das **Atelier Visavuori** von Emil Wikström (1864–1942) Einblick in die Arbeit des wichtigsten Bildhauers der finnischen Nationalromantik (www.visavuori.com, Juni–Aug. tgl. 11–18, Sept.–Mitte Dez. Di–So 10 bis 16 Uhr, 10.–31. Jan. nur Di–Fr, 8 €).

RESTAURANT

Sääksmäen Silta €
Essen und Kaffee in idyllischer Lage, mit Badestrand.
• Hämeenlinnantie 28
Tel. 046-560 7514
www.saaksmaensilta.com | tgl. 11–20 Uhr

HÄMEENLINNA 13 📍 B8

Der Ort (67 900 Einw.) verdankt seinen Namen der Trutzburg **Häme.** Deutsche haben an ihrem Bau im 13. Jh. mitgewirkt (Juni–Mitte Aug. tgl. 10–17, sonst Di–Fr 10–16, Sa, So 11–16 Uhr, 10 €). Neben der Burg entstand in den Verliesen ein düsteres **Gefängnismuseum.**

Seen und Wälder haben den hier geborenen Komponisten **Jean Sibelius** inspiriert. Sein **Geburtshaus** ist heute ein Museum (Hallituskatu 11, Mai–Aug. tgl. 10–16, Sept. bis April tgl. 12–16 Uhr, 5 €).

Hugo Standertskjöld, ein skurriler, alter und reicher Oberst, ließ Ende des 18. Jhs. außerhalb der Stadt den romantischen **Park Aulanko** ⭐ mit Teichen, Pavillons und Liebeslauben anlegen. Mittendrin stehen ein Aussichtsturm und ein Hotel, das die Schiffe der »Silberlinie« anlaufen. Es ist eine einzigartige Erfahrung, auf dem Wasser nach Tampere zu fahren (www.hopealinja.fi). › mehr S. 14 Punkt ⑲

Das Konzerthaus Sibeliustalo am neuen Hafen in Lahti ist ganz aus Holz

Eine Besonderheit sind die volksnahen gotischen Fresken aus dem 14. Jh. der Heilig-Kreuz-Kirche von **Hattula,** 10 km nördlich von Hämeenlinna.

INFO
Hämeenlinna Tourist Information
• Raatihuoneenkatu 11 | Tel. 03-621 3373
  www.visithameenlinna.fi/en

HOTELS
Hotelli Emilia €€
Familienfreundlich, in der Fußgängerzone, modern und geschmackvoll. Gutes Frühstücksbüffet, Bar mit Terrasse.
• Raatihuoneenkatu 23 | Tel. 03-612 2106
  www.hotelliemilia.fi

Sokos Hotel Vaakuna €€
Attraktives Hotel mit freundlich-hell designten Zimmern, viele mit Seeblick. Dazu kommen das französische Restaurant Le Blason und eine sonnige Barterrasse.
• Possentie 7 | Tel. 020-1234 636
  www.sokoshotels.fi

RESTAURANT
Piparkakkutalo €€
Das »Pfefferkuchenhaus« serviert in edel eingerichteten Räumen regionale Spezialitäten.
• Kirkkorinne 2 | Tel. 03-648 040
  www.ravintolapiparkakkutalo.fi
  Di–Do 11–22, Fr 11–23, Sa 12–23 Uhr, So geschl.

LAHTI ⑭ 📖 B8

Die Stadt (119 000 Einw.) verdankt ihre Bekanntheit dem Endmoränenrücken **Salpausselkä,** Schauplatz viel beachteter nordischer Skiwettkämpfe (Finlandia-Volksskilauf im Februar › S. 50). Die fünf Sprungschanzen dominieren das Stadtbild. Ein Lift trägt Besucher in die Höhen der Absprungrampen.

Lahtis rasanter Entwicklungsschub setzte nach dem Zweiten Weltkrieg ein, als umgesiedelte Karelier die Einwohnerzahl binnen 20 Jahren verdoppelten. So führt ein Stadtbummel vorbei an Bauten des 20. Jhs. wie Eliel Saarinens **Stadthaus** (1912) und Alvar Aaltos **Kirche des Kreuzes** (1978). Nicht auslassen sollte man das **Hafengebiet** mit dem Konzerthaus **Sibeliustalo** und netten Cafés am Seeufer. Interessant sind das **Skimuseum,** das **Sportzentrum** sowie der Herrenhof Pyhäniemi in **Hollola** nordwestlich der Stadt. Dort steht auch die zweitgrößte der 75 mittelalterlichen Grausteinkirchen Finnlands. Wer Lust auf eine landschaftlich atemberaubende Schiffsreise über den Päijänne-See verspürt, wird die Fahrt zwischen Jyväskylä › S. 118 und Lahti (1/Woche) oder einen Tagesausflug nach **Heinola** (www.paijanne-risteilythilden.fi) genießen.

INFO
Lahti Info
● Aleksanterinkatu 18
 Tel. 0300-472 222
 www.lahdenseutu.net/en

HOTELS
Jokelan Kartano €€
Charmantes altes Haus (nur 14 Betten) mit heimeliger Atmosphäre.
● Pihlajamäentie 23 | Hämeenkoski
 Tel. 050-566 7924 | www.jokelankartano.fi

Scandic Lahti City €€
Modern, familienfreundlich und sehr zentral gelegen.
● Kauppakatu 10 | Tel. 03-4108 1624
 www.scandichotels.de

Little Tundra Guesthouse €–€€
Sehr atmosphärisches Gästehaus mit fünf Hütten im Jurtenstil, die mit farbenfrohen Stoffen dekoriert sind.
● Moisionkatu 4B | Tel. 0400-822 115
 www.littletundra.fi

RESTAURANTS
Ravintola Roux €€
Elegantes und wohl bestes Restaurant der Stadt, das u. a. frischen Fisch aus dem See serviert.
● Rautatienkatu 7 | Tel. 010-279 2930
 www.roux.fi
 Mo–Fr 16–23, Sa 12– 23 Uhr

Casseli €
Maritimes Designambiente. Günstiges Mittagsbüfett mit üppigen Portionen.
● Borupinraitti 4 | Tel. 010-422 5950
 www.casseli.fi
 Mo 11–15, Di–Fr 11–22, Sa 13–22 Uhr

RIIHIMÄKI `15` 📖 B8

In Riihimäki (28 600 Einw.) zeigt das **Glasmuseum** ⭐ mit wechselnden Ausstellungen Geschichte, Formenreichtum und Vielfalt der Glaskunst (Tehtaankatu 23, www.suomenlasimuseo.fi, Feb.–Dez. Di–So 10–18 Uhr). Die praktische Seite erlebt man im 500 m entfernten, von Werkstätten und Ateliers geprägten Glashüttenviertel, wo man Künstlern und Handwerkern über die Schulter schauen kann.

WESTKÜSTE & ÅLAND

Die alte Lotsenstation Kobba Klintar ist ein schönes Ausflugsziel auf Åland

*Die Schweden prägten das Bild der alten Städt-
chen, die Eiszeiten die zauberhafte Schärenküste
mit Tausenden von Inseln und schönen Stränden.
Island-Hopping auf Åland macht mit einem Fahrrad doppelt Spaß.*

Wenn man die weiten Waldgebiete von Tampere aus zur Westküste hin durchquert, warnen Schilder vor Elchwechsel. Die Landschaft bietet kaum Orientierung, ein See scheint wie der nächste. In den Buchten wogt Schilf, auf gläsernem Wasserspiegel treiben Inseln. Man möchte schwimmen im blaugrundigen Irrgarten oder sich einem Raddampfer anvertrauen, dessen Schaufeln die Wasserwelt durchpflügen.

An der Küste angekommen, erlebt man ein anderes Finnland. Für die Einheimischen ist die Ostsee ein Schicksalsmeer, dessen Wellen Siedler, Christentum und abendländische Kultur herantrugen. Ochsenblutrote Häuser sprenkeln die Landschaft, erinnern an Schweden ebenso wie die Provinzstädte mit ihren gepflegten Holzhausvierteln, schmalen Gässchen und Blumengärten.

Auf Åland führen die Straßen durch eine Natur, die auf einigen Inseln noch so unberührt scheint wie vor 10 000 Jahren, als die 6500 großen und kleinen Eilande allmählich aus der Tiefe des Meeres auftauchten. Hier ist Inselhüpfen angesagt, und das Fahrrad das ideale Fortbewegungsmittel. Hat man die auf einer schmalen Landzunge gelegene Inselhauptstadt Mariehamn hinter sich gelassen, ist man allein mit sich, den Buchen und Birken, den grünen Wiesen, bunten Kühen und den roten Häusern mit Masten im Garten, an denen die Åland-Flagge flattert.

TOUREN IN DER REGION

TOUR
6

WESTKÜSTENBOGEN

ROUTE: Turku › Naantali › Rauma › Pori › Kristiinankaupunki › Vaasa › Huittinen › Turku

KARTE: Seite 92
DAUER: 4–5 Tage (ca. 720 km)
PRAKTISCHE HINWEISE:
- Diese Autotour führt durch die schönsten Städte der finnischen Westküste.
- Wer sich Zeit lassen möchte, findet auch genug Sehenswertes für eine ganze Woche.

TOUR-START:

Die Stadt **Turku** ➊ › S. 95 als Ausgangsort bietet viele historische Sehenswürdigkeiten wie die Burg, den Dom und das Aufsehen erregende Forum Marinum mit seinen Museumsschiffen. Im nahen **Naantali** ➎ › S. 101 ist die Muminwelt für Familien ein Muss. Die Fahrt geht weiter nach **Rauma** ➏ › S. 102, dessen faszinierende **Altstadt** zum UNESCO-Weltkulturerbe gehört. Die Jazz-Stadt **Pori** ➐ › S. 103 begeistert mit wunderschönen Sandstränden bei den Dünen von Yyteri. Das historische **Kristiinankaupunki** ➑ › S. 103 und die Universitätstadt **Vaasa** ➒ › S. 103 mit den Inseln Mustasaari und Raippaluoto bieten auch naturnahe Erlebnisse. Von **Huittinen** ⓫ › S. 105 aus kann man im Nationalpark Puurijärvi-Isosuo eine Wanderung unternehmen, bevor man zurück nach Turku fährt.

TOUR 7

MUSIKANTENPFAD

> **ROUTE:** Tampere › Orivesi › Kaustinen › Kokkola › Pietarsaari › Uusikaarlepyy › Seinäjoki › Tampere
>
> **KARTE:** Seite 92
> **DAUER:** 3–4 Tage (ca. 700 km)
> **PRAKTISCHER HINWEIS:**
> • Die Autofahrt mit Übernachtungen in Tampere, Kokkola und Seinäjoki lässt sich gut mit einem Schiffsausflug auflockern.

TOUR-START:

Die Rundreise durch die westlichsten Ausläufer der Seenplatte und weiter zum mittleren Österbotten weckt das Bewusstsein für die Weitläufigkeit des Landes – und zeigt die ganze Palette finnischer Landschaften: Meeresbuchten und Seenketten, Wildmark und Wälder. Zusätzlichen Reiz verleihen diesem beschaulichen Gebiet die Unterhaltungsmöglichkeiten für Erwachsene und Kinder, beginnend gleich in Tampere › S. 84. Von dort geht es über **Orivesi** ⓬ › S. 105 durch weitläufige Wald- und Wasserlandschaften in Richtung des Volksmusikzentrums **Kaustinen** ⓭ › S. 105.

In **Kokkola** ⓮ › S. 105 ist das Holzhausviertel sehenswert. Über die »Straße der sieben Brücken« und die Insel **Larsmo** erreicht man die maritime Nachbarstadt **Pietar-**

saari **15** › S. 106. Eine weitere typisch schwedisch-finnische Küstenstadt, **Uusikaarlepyy** **16** › S. 106, liegt am Weg zum Tango-Mekka **Seinäjoki** **17** › S. 107, der letzten Station vor Tampere.

keinen Fall verpassen sollte. Von Mariehamn aus kann man je nach Lust und Laune die Nachbarinseln besuchen – ein Fahrradausflug bietet sich an, da die Entfernungen kurz und die Landschaften gefällig sind. Am fünften Tag nimmt man die Fähre zurück nach **Turku**.

VON TURKU NACH MARIEHAMN

> **ROUTE:** Turku › Mariehamn

> **DAUER:** 5 Tage
> **PRAKTISCHE HINWEISE:**
> • Von Turku nach Mariehamn bestehen täglich mehrere Fährverbindungen: Auto- oder Fahrradtransport ist problemlos.
> • Aktuelle Informationen zu Fahrplänen etc.: www.tallinksilja.com, www.vikingline.fi

TOUR-START:

Diese Tour ist ideal für Reisende, die im Urlaub Stadt und Natur verbinden möchten. Die ersten beiden Tage in **Turku** **1** › S. 95 füllen die Besichtigung von Burg und Dom, ein Spaziergang am Flussufer und abends eine Kneipentour durch die originelle Pubszene › S. 97. Das Forum Marinum bereitet auf Ålands Inselwelten › S. 108 vor.

Am dritten Tag geht es mit der Fähre nach **Mariehamn** **1** › S. 108, wo man das Seefahrtmuseum und den Viermaster »Pommern« auf

INSELHOPPING AUF ÅLAND

> **ROUTE:** Mariehamn › Lemland › Lumparland › Föglö › Kökar › Sund › Saltvik › Geta › Hammarland › Eckerö › Jomala › Mariehamn

> **KARTE:** Seite 110
> **DAUER:** 5–6 Tage; Karte › S. 110
> **PRAKTISCHE HINWEISE:**
> • Die Tour auf der Hauptinsel lässt sich durch eine Schleife zu den Inseln Föglö und Kökar verlängern.
> • Die Reise geht ebenso viele Kilometer über Land (ca. 110 Fahrradkilometer) wie über das Meer.
> • Man kann sein Fahrrad mitbringen, eines ab 50 € pro Woche mieten (z. B. bei Ro-No Rent, Mariehamn, Tel. 018-128 20, www.rono.ax, am Fährterminal) oder auch Fahrradpakete mit festem Tourenplan buchen (Eckerö Linjen Incoming, Torggatan 2, Mariehamn, www.eckerolinjen.se). Den Fährenplan sollte man stets dabei haben.

- Ein Bett findet sich meist ohne Buchung in Hütten, gemütlichen Gasthäusern oder einem der freundlichen Privatquartiere.

TOUR-START:

Die Tour startet von **Mariehamn** **1** › S. 108 Richtung **Lemland** **2** und **Lumparland** **3** › S. 110 durch eine liebliche Landschaft. Von Lumparland setzt man über zur Fischerinsel **Föglö** **4** › S. 110 und erkundet das fast baumlose **Kökar** **5** › S. 111. Von dort geht es weiter nach **Sund** **6** › S. 111, wo man die Ruinen der Festung Bomarsund und das restaurierte Schloss Kastelholm besucht.

Über **Saltvik** **7** › S. 111 radelt man dann nach **Geta** **8** › S. 111, wo der Getabergen mit steilen Felsen 107 m hochaufragt. Die Fahrradfähre bringt einen als nächstes nach **Hammarland** › S. 112 und **Eckerö** **9** › S. 112, in die westlichste Gemeinde Finnlands. Auf dem Rückweg nach Mariehamn empfiehlt sich ein Abstecher nach **Finström** **10** › S. 112. Ein Zwischenstopp führt nach **Jomala** **11** › S. 112, wo St. Olaf, eine der ältesten Kirchen in Skandinavien, steht und das Museum die Kunstszene der Gegend vorstellt.

UNTERWEGS AN DER WESTKÜSTE

TURKU **1** ⭐**5** 📖 A8

Bis der Zar es zu nahe an Schweden glaubte und Helsinki zur finnischen Hauptstadt erhob, spielte Turku (schwed. Åbo) diese Rolle würdevoll über 500 Jahre hinweg. Heute legt Europas Kulturhauptstadt von 2011 ihren Schwerpunkt auf Technologie, Forschung und Lehre. International ausgerichtete Programme ziehen junge Leute aus ganz Europa an. Nirgends im Land ist der Studentenanteil höher als unter den 187 000 Einwohnern Turkus.

Das Bild der alten Metropole mit dem neuen Gesicht prägt der **Aurajoki,** an dessen Mündung der Passagierhafen und die Burg liegen. Im 12. Jh. waren den schwedischen Eroberern Kaufleute gefolgt, die an der Küste Handel trieben. 1229, als Papst Gregor IX. den Bischofssitz hierher verlegte, gilt als Gründungsjahr.

Zum maritimen Flair der Stadt tragen die Schärengärten bei, durch die Wasserbusse und der Dampfer »SS Ukkopekka« (www.ukkopekka.fi) kreuzen. › mehr S. 12 Punkt **4**

BURG **A**

In Sichtweite des Fährhafens erhebt sich die Burg, deren Geschichte bis auf das Jahr 1280 zurückgeht. Aus dem befestigten Lager des königlich-schwedischen Statthalters und seiner Soldaten entstand im Laufe der Zeit eine massive Feldsteinburg und daraus schließlich im Verlauf des 16. Jhs. ein stattliches Schloss (www.turunlinna.fi, Di–So 10–18 bzw. 20 Uhr).

Im Handwerkermuseum wird Geschirr auf der Töpferscheibe von Hand gedreht

FORUM MARINUM

Die Rolle der Seefahrt für Turku dokumentiert das hervorragende Forum Marinum, u. a. durch die Museumsschiffe am Aurajoki. In den 1930er-Jahren diente der **Dreimaster »Suomen Joutsen«** (Finnischer Schwan) als Schulschiff der Kriegsmarine und 1960–1989 als Seefahrtsschule der Handelsmarine. Daneben liegen das **Minenschiff »Keihässalmi«** und die **Dreimastbark »Sigyn«,** 1887 in Göteborg in Dienst gestellt (www.forum-marinum.fi, Juni–Aug. tgl. 11–19, Sept. bis Mai Mo. geschl.; Schiffe nur Juni–Aug. zugänglich, 9 €).

DAS ÖSTLICHE AURAJOKI-UFER

Zwischen Forum Marinum und Zentrum pendelt im Sommer (Juni–Mitte August) die kostenlose Fähre **Pikkuföri**. Sie hält auch nahe dem Museumspark, wo das **Wäino-Aaltonen-Museum** Werke des Bildhauers und Malers Aaltonen (1894–1966) sowie zeitgenössische Kunst zeigt (I. Rantakatu 38, www.wam.fi, Di, Mi, Fr, Sa 10–18, Do 10 bis 19 Uhr, 9 €).

Finnlands Fauna und Flora widmet sich das **Biologische Museum** (Neitsytpolku 1). Vorbei am Denkmal für den erfolgreichsten

Läufer aller Zeiten, Paavo Nurmi, gelangt man zum **Handwerkermuseum Luostarinmäki** ⓔ, in dem 30 Werkstätten altes Handwerk vorstellen (Di–So 10–16/18 Uhr). Im Jahr 1827 verwüstete ein Brand die Stadt bis auf das höher gelegene Viertel Luostarinmäki. Das neue Turku entwarf C. L. Engel. Den Hügel Vartiovuori krönte er 1819 mit dem seinerzeit hochmodernen **Observatorium** ⓕ.

RUND UM DEN DOM ⓖ

Aus einer Holzkapelle (13. Jh.) entstand der bedeutendste mittelalterliche Kirchenbau des Landes, nachdem Turku Sitz des Bistums Finnland geworden war. Eingeweiht um 1300, erlebte der **Dom** wiederholt Veränderungen, doch überwiegt der spätromanische Eindruck. Unweit des Doms liegt die **Universität** ⓗ. Ihre Gründung hatte die schwedische Königin Kristina 1640 angeregt. Ebenfalls in Domnähe findet man das **Sibelius-Museum** ⓘ (Piispankatu 17, www.sibeliusmuseum.fi, Di–So 11–16, Mi auch 18–20 Uhr) und das **Bürgerhausmuseum »Ett hem«** ⓙ mit Interieurs einer Konsulenfamilie vom Ende des 19. Jhs. (Piispankatu 14, Mai–Sept. Di–So 12–15 Uhr).

MARKTPLATZ UND WESTLICHES UFER

Das **Qwenselin talo** ⓚ blieb beim Großbrand 1827 von den Flammen verschont. Heute beherbergt das Wohnhaus (18. Jh.) eines Kaufmanns das **Apothekermuseum** (Di bis So 10–16/18 Uhr).

Ein Bummel über den **Markt**  (Mo–Sa, Sommer auch abends) und durch die alte Markthalle gehört zu einem Tag in Turku, heißt doch das slawische Wort *turku* »Marktplatz«. Genießen Sie feine Erdbeeren, einen Kaffee in einem Marktcafé, den Blick auf das **Schwedische Theater** und die **griechisch-orthodoxe Kirche.** An die im Mittelalter bedeutenden Hanse-Kaufleute erinnert das **Geschäftszentrums Hansa** an der Westseite des Platzes. Zwischen 1310 und 1471 lenkten 13 deutsche Bürgermeister Turkus Geschicke.

Freunde der bildenden Kunst sollten das **Kunstmuseum** auf dem Hügel Puolalanmäki nicht auslassen, das mit interessanten Wechselausstellungen glänzt (Aurakatu 26, www.turuntaidemuseo.fi, Di–Fr 11–19, Sa, So 11–17 Uhr, 9 €).

- Ⓐ Burg
- Ⓑ Forum Marinum
- Ⓒ Wäino-Aaltonen-Museum
- Ⓓ Biologisches Museum
- Ⓔ Handwerkermuseum Luostarinmäki
- Ⓕ Observatorium
- Ⓖ Dom
- Ⓗ Universität
- Ⓘ Sibelius-Museum
- Ⓙ Bürgerhausmuseum »Ett hem«
- Ⓚ Qwenselin talo
- Ⓛ Markt
- Ⓜ Kunstmuseum

INFO

Visit Turku

Die »Museum Walk Card« (38 €) bietet kostenlosen Eintritt in 12 Museen der Stadt.

- Aurakatu 4 | Tel. 02-262 7444
  www.visitturku.fi

HOTELS

Holiday Club Caribia €€€

Familienfreundliches Spa-Hotel mit Themenbad im karibischen Stil.

- Kongressikuja 1 | Tel. 0300-870 929
  www.holidayclubresorts.com

Parkhotel €€€

Die Jugendstilvilla von 1902 ist ein wahres Kleinod; 21 Zimmer.

- Rauhankatu 1 | Tel. 02-273 2555
  www.parkhotelturku.fi

Radisson Blu Marina Palace €€€€

Stilvolles Hotel zentrumsnah am Ufer des Aurajoki; eigener Biergarten.

- Linnankatu 32 | Tel. 020-123 4710
  www.radissonblu.com/hotel-turku

Centro €€

Boutiquehotel (garni) nahe dem Markt, aber ruhig; schlichtes, smartes Interieur in sanften Farben.

- Yliopistonkatu 12 a | Tel. 02-211 8100
  www.centrohotel.com

River Hostel Turku €–€€

43 Schiffskabinen mit Dusche und WC ganz in der Nähe des Forum Marinum.

- Linnankatu 72 | Tel. 040-843 6611
  www.msborea.fi

Hesehotelli €

Die für ihre Hamburger bekannte Firma präsentiert ein Haus im coolen Stil für ein junges Publikum.

- Läntinen Pitkäkatu 1 | Tel. 045-634 3443
  www.hesburger.fi/hesehotelli

RESTAURANTS

Ravintola Kaskis €€€

Hervorragende und kreative skandinavische Küche in relaxter Atmosphäre. Vier- bzw. sechsgängige Menüs mit Weinbegleitung.

- Kaskenkatu 6 a
  Tel. 044-723 0200 | www.kaskis.fi
  Di–Do 16–23, Fr, Sa 16–24 Uhr

Mami €€
Nettes und populäres Bistro mit Sommerterrasse am Flussufer, leckere skandinavische Küche aus frischen lokalen Zutaten.
- Linnankatu 3 | Tel. 02-231 1111
  www.mami.fi | Di–Fr 11–20, Sa 13–20 Uhr

Oscar Pub & Grill €€
In-Treff der Stadt mit hanseatischer Kü-
chentradition im Hotel Hamburger Börs.
- Kauppiaskatu 6 | Tel. 010-764 3170
  www.raflaamo.fi/en/turku/oscar-pub-grill
  Mo–Do 11–23, Fr 11–4.30,
  Sa 13–4.30 Uhr, So geschl.

Smör €€
Feine finnische Küche bei Kerzenschein,
z. B. Braten vom Åland-Lamm.
- Läntinen Rantakatu 3 | Tel. 02-536 9444
  www.smor.fi | Mo–Do 16–23, Fr/Sa 16–24 Uhr

EKENÄS 2 ⭐ 📖 A8

Das idyllische Ekenäs (finn. Tam-
misaari; 15 000 Einw.) ist ein Kleinod
am Schärengarten. Machen Sie unbedingt eine Schiffsfahrt im maritimen Naturschutzgebiet. Ein Bummel durch den ältesten Ortsteil und
zur **Feldsteinkirche** (1680) entführt
in die Vergangenheit. Erholsam sind
die Strände sowie Wanderungen zu
den Ruinen der Burg **Raasepori**
und im Naturpark **Ramsholmen,**
bekannt für den uralten Baumbe-
stand mit Eichen und Nussbäumen.

RESTAURANT
Café Gamla Stan €€
Charmantes Gartencafé in einladendem
Holzhaus im alten Ortskern.
- Bastugatan 5 | Tel. 050-556 1665
  www.cafegamlastan.fi

HANKO 3 📖 A8

Der Naturhafen von Hanko (Han-
gö; 9600 Einw.) an Finnlands Süd-
westspitze wurde bereits im 13. Jh.
geschätzt. Den besten Blick über die
meerumschlungene Stadt mit ihrem
Jachthafen und wunderschönen Ju-
gendstilvillen aus Holz bietet der
Wasserturm auf dem **Vartiovuori**
(Lift, Mitte Mai–Mitte Aug. tgl. 12
bis 16 Uhr).

HOTEL
Hotel Villa Maija €€–€€€
33 helle, gemütliche Zimmer in drei Holz-
villen im Grünen.
- Appelgrenintie 7 | Tel. 050-505 2013
  www.villamaija.fi

RESTAURANT
Origo €€
Sommerrestaurant im Osthafen mit viel
gelobten Fischgerichten.
- Satamakatu 7 | Tel. 019-248 5023
  www.restaurant-origo.com

PARAINEN 4

Bei Parainen (Pargas; 15 500 Einw.),
einst bedeutend für seine Kalkstein-
brüche, gewährt die Hängebrücke
über den Kirjalansalmi-Sund einen
tollen Blick auf den Schärenhof von
Turku. Eine lohnende Rundfahrt
durch die atemberaubende Inselwelt bietet die **Schären-Ringstra-
ße,** wo Fährpassagen und Brücken
mit traumhaften Ausblicken die
Autofahrt bereichern. Für diese
Tour fährt man ab Parainen nach
Nagu (Nauvo), Korpo/Galtby, setzt
über auf die Inseln Houtskär, Iniö

und Kustavi, um von dort schließlich wieder das Festland zu erreichen (www.saaristo.org, www.saaristonrengastie.fi).

HOTEL

Hotel Kalkstrand €€
Familienfreundliches Haus mit großzügigen Zimmern, ehrwürdigem Speisesaal und vielfältiger Küche.
• Rantatie 1 | Tel. 020-733 202
  www.strandbo.fi/hotel-kalkstrand.html

NAANTALI 5 📖 A8

Die um ein Kloster aus dem 15. Jh. entstandene Kleinstadt (Nådendal; 19 000 Einw.) lebt im Sommer auf, wenn der finnische Präsident seinen Sommersitz **Kultaranta** und die weniger wichtigen Leute ihre Sommerwohnungen im quirligen Altstadtkern beziehen (Gartenführungen Juni–Aug. Di–So um 14 Uhr auf Engl., Erw. 13 €, Kinder 5 €)

Für die Kinder ist Naantali aus einem ganz anderen Grund interessant: Hier lockt die fröhliche **Muminwelt**, in der Tove Janssons beliebte Figuren und Geschichten lebendig werden (www.muumimaailma.fi, Mitte Juni–Mitte Aug. tgl. 10–18, bis Ende Aug. ab 12 Uhr).

INFO

Naantali Tourist Service
• Kaivotori 2 | Tel. 02-435 9800
  www.visitnaantali.com

HOTELS

Naantali Spa & Resort Hotel €€€
Elegantes Wellnesshotel, das auch Aktivitäten für Kinder anbietet.

Historische Holzvilla in Hanko

• Matkailijantie 2
  Tel. 02-445 5100
  www.naantalispa.fi

Hotel Bridget Inn €€–€€€
Geschichtsträchtiges schneeweißes Holzhaus von 1880 mit im Stil der Zeit eingerichteten eleganten Zimmern sowie zwei Luxussuiten mit Privatsauna.
• Kaivokatu 18
  Tel. 02-533 4026
  www.bridgetinn.fi

RESTAURANT

Uusi Kilta €€
Feines Seafood, leckerer Lammrücken, sonnige Terrasse mit Blick auf den Pier.
• Mannerheiminkatu 1
  Tel. 02-435 1066 | www.uusikilta.fi
  Di–Fr 17–22, Sa 12–22, So 12–19 Uhr

RAUMA A8

Die **Altstadt von Rauma** 6 mit ihrem von der UNESCO zum Welt-kulturerbe erklärten charmanten Holzhausviertel › unten machte Rauma (Raumo; 40 000 Einw.) bekannt. Das maritime Flair und das lebhafte Treiben verlocken dazu, angenehme Mußestunden in der schönen Stadt zu verbringen.

Das **Alte Rathaus** (1776) am Marktplatz zeigt Exponate zu See-fahrt und Spitzenklöppelei. An die Tradition dieses Kunsthandwerks erinnert alljährlich die **Spitzen-klöpplerwoche** Ende Juni.

In der Kuninkaankatu 9 serviert das **Kontio Café,** Raumas ältestes Outdoor-Café, Pfefferkuchen mit Kaffee (€).

INFO

Rauma Tourist Information
• Valtakatu 2 | Tel. 02-834 3512
  www.visitrauma.fi

HOTELS

Hotel Kalliohovi €€€
Ruhiges Stadthotel im Zentrum. Musik und Partys in der Bar Hovi.
• Kalliokatu 25 | Tel. 02-838 81
  www.kalliohovi.fi

City Hovi €€
Ein Tipp für Familien, zentrale Lage.
• Nortamonk. 18 | Tel. 02-8376 9200
  www.cityhovi.com

RESTAURANT

Wanhan Rauman Kellari €€
Gemütliches Lokal mit Terrasse in Alt-Rauma. Herzhafte finnische Küche.

💬 WOHNEN IN HOLZ

In Finnlands drittältester Stadt **Rauma** (Stadtrechte seit 1442) begegnet man jahrhundertealter Stadtplanung, denn Grundstücksaufteilung und Straßen-netz im größten zusammenhängenden **Holzhausviertel** Skandinaviens (30 ha) entstammen dem Mittelalter. Die meist ockergelben oder roten Häuser, etwa 600 an der Zahl, sind erst 200–300 Jahre alt, da der Brand von 1682 den Ort in Schutt und Asche gelegt hatte. Jedes Haus, so sagt man in Rauma, ist ein Einzelwesen, schon die Farbe sollte es von den übrigen unterscheiden. Stolz verkündet an einer Ecke das Haus seinen Namen auf einem ovalen Schild.

Die Finanzen der Familie entschieden über die Etagenzahl. Ein gutes Bei-spiel für die gehobenen Ansprüche der Bürgerhäuser ist das **Haus Marela** (heute Museum; Kauppakatu 24). Drinnen wirkt nicht nur der Kachelofen ver-traut: Die Wand- und Deckenpaneele sowie die Spiegeltüren hätten auch Lübecker Kaufmannshäusern gut zu Gesicht gestanden. Das Streichen der Blockhäuser fand erst im 18. Jh. Verbreitung. Zunächst wurde eine Paste aus roter Ockererde verwendet, um die Wände zu schützen. Als sich ein Jahrhun-dert später die Bretterverschalung durchzusetzen begann, kam heller An-strich in Mode. Dabei sollte die Farbe den fehlenden Stein optisch ersetzen: Roter Ocker ahmte Ziegelsteine nach, gelber den hellen Sandstein.

• Anundilankatu 8 | Tel. 02-866 6700
www.wrk.fi | Mi geschl.

PORI  7 🏛 A7

Die nacheiszeitliche Landhebung hat frühere Inseln und Schären mit dem Festland verschmolzen und den alten Kern von Pori (Björneborg; 85 200 Einw.) bereits über 20 km vom Meer entfernt. Die 1558 an der Kokemäenjoki-Mündung gegründete Stadt ist durch ihren Tiefwasserhafen industrielles wie kulturelles Zentrum: Hier braut man Karhu- (Bären-)Bier, hier wurde das erste finnische Theater gegründet und die Melodie des preußischen Präsentiermarsches komponiert.

Das sommerlich-bunte Strandleben spielt sich in den nördlich gelegenen **Dünen von Yyteri** ab. Nettes Ausflugsziel ist das Fischerdorf **Reposaari** (32 km nördl.).

Zum Festival **Pori Jazz** auf der Insel Kirjurinluoto begrüßt die Stadt im Juli international bekannte Interpreten (www.porijazz.fi).

INFO
Tourist Information
• Itäpuisto 7 | Tel. 02-621 7900
www.pori.fi

HOTELS
Mäntyluodon Hotelli €€
Bezauberndes altes Gebäude, wo der Meerblick den Charme der individuell und liebevoll nostalgisch eingerichteten Zimmer noch unterstreicht.
• Merisatamantie 2
Tel. 02-637 0779
www.mantyluodonhotelli.fi

Yyterin Kylpylä €€
Exklusives, familienfreundliches Wellnesshotel direkt am Sandstrand.
• Sipintie 1 | Tel. 02-628 5300
www.virkistyshotelli.fi/kylpyla

RESTAURANT
Raatihuoneen Kellari €€€
Toprestaurant in den würdevollen Mauern des Rathauses von C. L. Engel.
• Hallituskatu 9 | Tel. 02-633 4804
www.raatihuoneenkellari.fi
Mo–Do 11–23, Fr 11–24, Sa 13–24 Uhr

KRISTIINANKAUPUNKI
8 🏛 A7

Das 1649 begründete Kristinestad (7300 Einw.) haben Wellen und Feuer bisher verschont. So stehen die bunten Holzhäuser seit dem 18. Jh. Spalier entlang schmaler Gassen wie der nur 299 cm weiten **Kissanpiiskaajankuja** oder der Miilukuja. Beim Bummel durch Staketgatan fällt **Tullituvat** auf, Finnlands einzige aus der Zeit des Landzolls bewahrte Zollstube.

VAASA 9 🏛 A6

Seine Lage an der schmalsten Stelle des Bottnischen Meerbusens machte Vaasa (67 300 Einw.) zu einer Nahtstelle zwischen Finnland und Schweden. Bereits im 13. Jh. genoss die Inselgemeinde **Mustasaari** – wo im Juni Musikfestspiele einladen – Handelsprivilegien. Ein Brand legte Alt-Vaasa 1852 in Schutt und Asche. Im Empirestil entstand die neue Stadt auf der Halbinsel **Klemetsö.**

Nach dem Bummel durch **Alt-Vaasa** (Busse ins Zentrum oder ca. 30 Min. Fußweg), und einem Besuch im **Brage-Freilichtmuseum** (Juni–Aug., Mo geschl) ist die Insel **Raippaluoto** (Replot) ein erholsames Ausflugsziel, erreichbar über Finnlands längste Brücke.

Einprägsam erklärt das **Terranova-Naturzentrum** die Landhebung von hier 8 mm pro Jahr. Die Schärenwelt der **Kvarken** wurde daher im Jahr 2006 als Ergänzung zur Hohen Küste in Schweden in die Liste des UNESCO-Weltnaturerbes aufgenommen. In rund 2500 Jahren wird man nach Schweden laufen können (Museokatu 3–4). Nach dem Mäzen **Kuntsi** heißt das neue Museum moderner Kunst im alten Zolllagerhaus (Mo geschl.).

INFO

Vaasa Tourist Office
- Rewell Center | Tel. 06-325 1145
  www.visitvaasa.fi

HOTEL

Astor €€€
Sehr persönlich geführtes Hotel mit Flair; Zimmer mit eigener Sauna.
- Asemakatu 4 | Tel. 06-326 9111
  www.astorvaasa.fi

RESTAURANT

Gustav Wasa €€
Spitzenrestaurant in früherem Kohlenkeller. Ren mit Pilzen probieren!
- Raastuvankatu 24 | Tel. 050-466 3208
  www.gustavwasa.com
  Mo–Fr ab 18, Sa ab 16 Uhr

HÄMEENKYRÖ 🔟 📕 A7

Der Tipp für Kulturreisende ist der Besuch des Geburtshauses **Myllykolu** sowie des späteren Wohnhauses **Töllinmäki** von F. E. Sillanpää, Finnlands einzigem Nobelpreisträger für Literatur › S. 45.

Beeindruckend stürzt das Wasser an den **Stromschnellen Kyröskoski** 21 m in die Tiefe.

Die alte Getreidemühle am Hafen von Vaasa wurde in eine Universität umgewandelt

RESTAURANT
Frantsilan Kehäkukka €€
Vegetarische Küche, Schaugarten mit über 200 Gewürz- und Heilkräutern.
• Yrjö-Koskisentie 1 | Tel. 03-371 4637 http://matkailusivut.frantsilan kehakukka.fi

HUITTINEN 11 📙 A8

Die Kleinstadt ist das Tor zum westlich gelegenen **Nationalpark Puurijärvi-Isosuo**. Er umfasst ein großes Hochmoor (23 km²) und einen See, an dem seltene Vogelarten wie Kraniche im Frühjahr und Herbst zu sehen sind, und zwar von einem der höchsten Beobachtungstürme Skandinaviens und einem Plankenweg im Sumpf (www.nationalparks.fi).

ORIVESI 12 📙 B7

Bei Orivesi (9600 Einw., www.orivesi.fi) bietet sich ein Querschnitt finnischer Geologie. Das **Steinmuseum Eräjärvi** beherbergt die landesweit einzige Sammlung dieser Art mit rund 400 Gesteinsarten (Eräjärventie 1590, am Friedhof Eräjärvi, Juni–Aug. tgl. 11–17 Uhr, sonst nach Vereinbarung: Tel. 03-530 6230). In den Steinbrüchen baut man die kostbaren Saunaofensteine ab. Der harte Diobas hat eine hohe Wärmespeicherfähigkeit. Er findet auch im Straßenbau Verwendung.

KAUSTINEN 13 📙 B6

Das Provinznest (4300 Einw.) hatte als eine der ersten Landgemeinden begriffen: Man soll den Sommer dort feiern, wo man ihn verbringt. Inzwischen ist Kaustinen – zu Recht »Dorf der Volksmusik« genannt – zu einem Mekka aller Anhänger der Volksmusik aufgestiegen.

Nicht verkitschte Heimatklänge, sondern vielmehr eine ungezwungene Verbindung traditioneller und moderner Elemente der Musik locken alljährlich im Juli über 3000 Musiker und Tänzer aus aller Welt zum **Folk Music Festival** (Tickets Tel. 060 095 020, www.lipputoimisto.fi) Dass sich dabei nicht nur alles um Volksmusik dreht, beweist der futuristische Bau des Folk Art Centre mit **Volksmusikmuseum,** Musiksälen und Musikschule.

INFO
Folk Art Centre
• Jyväskyläntie 3 | Tel. 040-1701 966 www.kaustinen.net

KOKKOLA 14 📙 B5

Das Geschäftszentrum von Österbotten (Karleby, 47 600 Einw.) führt seine Gründung im Jahr 1620 auf den schwedischen König Gustav II. Adolf zurück. Seinen Aufschwung im Außenhandel verdankt es der Verleihung des Stapelrechts 1765. Beim Bummel durch das romantische **Holzhausviertel Neristan** aus dem 18./19. Jh. fühlt man sich in die Zeit der Windjammer zurückversetzt. In einigen Häusern führen Museen das Leben bedeutender Personen wie des Großkaufmanns **Renlund** (Museum Di–So 12 bis 15/17 Uhr), die Stadtgeschichte sowie die Natur bildhaft vor Augen.

INFO
Kokkolan Tourist Information
- Tehtaankatu 3–5 | Tel. 040-8065 075
  www.kokkola.fi

HOTEL
Nukkumatti €€
Famlienfreundliches Mittelklassehotel in
ruhiger Lage.
- Rautatienkatu | Tel. 06-824 3200
  www.hotellinukkumatti.fi

RESTAURANT
Mustakari €€
Freundliches Sommerrestaurant am
kleinen Jachthafen mit guter regionaler
Küche, besonders Fischgerichte.
- Mustakarintie | Tel. 020-780-8940
  www.ravintolamustakari.fi
  nur Anfang Mai bis Ende August

PIETARSAARI 15 ⭐ 📖 A6

Die 1652 gegründete Hafenstadt
(Jakobstad; 19 400 Einw.) wirkt sehr
viel maritimer als Kokkola. Sehenswert sind das reich verzierte Rathaus sowie die **Kirche der Landgemeinde.** Seit ihrer Erweiterung um
einen stattlichen Säulengang (1787
bis 1795) gleicht ihr Äußeres eher
einer Hazienda. Führungen folgen
den Spuren des Nationaldichters Johan Ludvig Runeberg, der hier 1804
geboren wurde. Das Freilichtmuseum **Nanoq** (Inuit für »Eisbär«) zeigt
Ausstellungen zur Polarregion (Juni
bis Aug tgl. 11–18 Uhr, www.nanoq.
fi). Spiel und Spaß bietet der Wasserpark **FantaSea** (www.fantasp.fi)
in Gamla Hamn (Vanha Satama),
dem ehemaligen Hafenviertel. Nett
zum Bummeln ist das **Holzhaus-**
viertel Skata. An Sommertagen
locken im **Fäboda-Naherholungs-
gebiet** (8 km) kilometerlange Sandstrände zum Schwimmen.

INFO
Tourist Office
- Kaupungintalo | Strengberginkatu 1
  Tel. 06-786 3111 | www.jakobstad.fi

HOTEL
Stadshotellet (Kaupunginhotelli)
€€–€€€
Traditionshotel mit pfiffiger Ausstattung.
Auch einfachere, preisgünstigere Zimmer.
- Kanavapuistikko 13
  Tel. 06-788 8111 | www.cfhotel.fi

RESTAURANT
Fäboda €€
Sommerrestaurant, idyllisch am Strand.
- Pikkuhiekantie 263 | Tel. 044-088 0906
  www.faboda.fi | tgl. 16–22 Uhr

UUSIKAARLEPYY 16 📖 A6

Das 1620 gegründete Uusikaarlepyy
(Nykarleby, 7400 Einw.) zeigt sich
als typisch finnisch-schwedische
Kleinstadt mit Parks, Statuen und
alten Holzhäusern.

Im **Herrenhaus Kuddnäs** wurde
1818 der Dichter, Journalist und
streitbare Zeitgeist Sakari Topelius
geboren. Er machte als einer der
ersten auf die harten Lebensbedin-
gungen der Arbeiter aufmerksam
(Juni, Juli 10–17, Aug. 12–17 Uhr).

INFO
Tourist Information
- Topeliuksenpuistikko 7 | Tel. 06-785 6111
  www.uusikaarlepyy.fi

HOTEL

Juthbacka Ferienzentrum €–€€
Anlage mit Hotel, Restaurant, Hütten sowie Camping.
- Juhtasvägen 34 | Tel. 06-722 0677
  www.juthbacka.fi

SEINÄJOKI 17 📖 A6

Die Stadt Seinäjoki (60 400 Einw.) wartet nicht nur mit dem **Landesmuseum Süd-Österbotten** samt Bauernhaus- und Handwerksabteilung und Finnlands einzigem **Schießpulver-, Wassermühlen- und Landapothekenmuseum** auf, sondern auch mit Tango!

Seit 1985 erklingt beim jährlichen **Tangomarkt** ⭐ finnischer Tango, Melancholie in Moll. Tango im Kopf in der Mittagssonne, Tango in den Beinen am Abend, nachts Tango im Bauch. Fast 100 000 Gäste pilgern in der ersten Juliwoche nach Seinäjoki, um die schwermütigen Klänge zu genießen › **S. 52.**

INFO

Tourist Office
- Valtionkatu 1 | Tel. 06-420 9090
  www.epmatkailu.fi

HOTELS

Sokos Hotel Lakeus €€€
Im Zentrum, mit Steakrestaurant, Tanzlokal, Bar, Nachtklub.
- Torikatu 2 | Tel. 010-764 8000
  www.sokoshotels.fi

Feriendorf Kalajärvi €€
30 km von Seinäjoki, Ferienhütten, ideal für den Aktivurlaub; Sandstrand und Reitmöglichkeit.

- Peräseinäjoki | Tel. 040-684 2220
  www.kalajarvi.fi

Omenahotelli Seinäjoki €€
Moderne Zimmer in frischen Farben; beliebte Restaurants, Nightclub.
- Kalevankatu 2 | Tel. 0600 555 222
  www.omenahotels.com

RESTAURANTS

Restaurant Alma €€–€€€
Finnisch speisen in Jugendstil-Sälen; in Bahnhofsnähe.
- Ruukintie 4 | Tel. 06-421 5200
  www.hotelalma.fi
  Mo–Sa 11–22, So 8–12 Uhr

Juurella €€
Moderne kreative finnische Küche aus lokalen organischen Zutaten.
- Keskustori 1 | Tel. 06-414 0720
  www.juurella.fi | Di–Sa 16–22

Uppalan Kartano €€
Recht elegantes Ambiente in einem historischen Herrenhaus. Probieren Sie mal den kräftig schmeckenden Elchbraten.
- Ilmarisenkatu 14 | Tel. 06-414 1800
  www.uppalankartano.fi
  Di–Fr 11–22, Sa 11–23 Uhr

💬 **SOUVENIRS**

Auf den Inseln findet man eine große Vielfalt hübscher Andenken: Keramik, åländische Wolle oder kleine, wunderschöne Holzgefäße, in denen früher Strömming, eine Heringsart, eingelegt wurde. Auf der Hauptinsel haben viele Geschäfte sonntags geöffnet.

DICHTERWEG ● A7

Der über 100 Jahre alte **Dampfer »S.S. Tarjanne«** fährt im Sommer in 8 Std. von Virrat über Ruovesi nach Tampere (und zurück). Nach J. L. Runeberg, der die Schönheit der Gegend pries, wird die Strecke Dichterweg genannt (www.runoilijantie.fi).

In **Virrat** 18 (Virdois, www.virrat.fi) ist außer dem Herraskoski-Kanal (1903–1907) das **Perinnekylä** (deutsches Traditionsdorf; 4 km Richtung Pori) als Beispiel bäuerlicher Kultur des 19. Jhs. sehenswert. Virrats wilde Umgebung – Wälder, Schluchtseen und schroffe Felsen – begeistert Wanderer und Kanuten.

Im Kirchdorf **Ruovesi** 19 kann man die 23 regionaltypischen Gebäude des Heimatmuseums erkunden. Danach erfrischt ein kühler Schluck aus der radiumhaltigen Quelle Runeberg.

UNTERWEGS AUF ÅLAND ★

MARIEHAMN 1 ● A8

Die Zeit der russischen Herrschaft (ab 1809) belegt Ålands Hauptstadt, 1861 von Alexander II. gegründet. Seiner Gemahlin zu Ehren taufte er sie »Mariahafen«. Die moderne Stadt

💬 STAAT IM STAATE

1921 schlug der Völkerbund den Archipel gegen den mehrheitlichen Wunsch der Ålander nicht Schweden, sondern Finnland zu, wobei er ihnen außer der teilweisen Autonomie Schwedisch als Amtssprache zugestand. Die Ålander gelten als heimatverbunden und weltoffen zugleich. Sie waren begabte Seefahrer, große Windjammer hatten in Mariehamn ihren Heimathafen. Noch immer ist die Schifffahrt wichtigster Erwerbszweig der Inselgruppe.

zwängt sich auf einer Breite von nur 1000 m zwischen zwei Meeresarme. West- und Osthafen – dort dümpelt pittoresk eine Armada hochseetüchtiger Schiffe – verbindet der Prachtboulevard **Norra Esplanadgatan.**

Neben dem **Seefahrtmuseum** erinnert die Statue des Steuermanns an die Seeleute, die nie zurückkehrten. Sehnsüchte wecken im Museum die Schiffsteile und Kapitänskajüten aus der Windjammerzeit. Vor dem Gebäude liegt der **Viermaster »Pommern«** vertäut (www.sjofartsmuseum.ax, Museum Sommer tgl. 10–17, Winter 11–16 Uhr, Museumsschiff Juni–Aug. tgl. 10–17, Sept–Mai 11–16 Uhr, 10 €). Segelpavillons und Sommerterrassen bieten schöne Plätze zum Sitzen, für Livemusik und zum Tanzen.

Im Stadhusparken locken das **Ålands Kulturhistoriska Museum** über die Inselgeschichte und das **Ålands Konstmuseum** mit Werken lokaler Künstler (www.museum.ax,

Der Jachthafen von Mariehamn mit dem Viermaster »Pommern«

Mai–Aug. tgl. 10–17, Sept–April Di–So 11–17, Do 11–20 Uhr, 8 €).

Abwechslung findet man im **Ålandspark,** einem Freizeitgelände auf Lilla Holmen, im **Mariebad** und am Badeplatz **Grönä Udden** (Grüne Landzunge). › mehr S. 13 Punkt **8**

INFO
Ålands Turistförbund
• Storagatan 8
  Tel. 018-240 00 | www.visitaland.com/de

HOTELS
Åland Hotel Adlon €€€
Modern, nahe dem Fährhafen. Einfache Zimmer in den Kapitänshäusern gegenüber dem Adlon (€).
• Hamngatan 7 | Tel. 018-155 55
  www.alandhotels.fi

Arkipelag €€€
Hohes Niveau bei Interieur und Gastronomie, gutes Sportangebot.
• Strandgatan 31 | Tel. 018-240 20
  www.hotellarkipelag.com

Park Alandia Hotel €€€
Fast 80 schöne Zimmer am Prachtboulevard der Stadt, mit Pub.
• Norra Esplanadgatan 3
  Tel. 018-141 30
  www.parkalandia.com

RESTAURANT
Nautical €€
Åländisch Feines im Haus des Seefahrtmuseums nahe der »Pommern«.
• Hamngatan 2 | Tel. 018-199 31
  www.nautical.ax
  Mo–Do 11–23, Fr 11–24, Sa 17–24 Uhr

LEMLAND 2 📖 A8

Östlich von Mariehamn zieht sich die Straße 3 durch die bunte End-moränenlandschaft bis zum kurzen, 1882 erbauten **Lemströmkanal.** Er trennt Jomala von Lemland.

Ålands Kirchen aus roh behaue-nen Natursteinen verdienen Auf-merksamkeit. Auf Lemland ist es eine **Feldsteinkirche** aus dem 13. Jh. Sie birgt farbige Fresken zur Geschichte von St. Nikolaus. Mit schwedischen Einwanderern hatte die Christianisierung der Inseln im 11. Jh. begonnen.

FÄHREN

Auf einer Inseltour über die Hauptinsel hinaus ist **Lumparland** 3 mit den Fähr-häfen Svinö (für Föglö), Långnäs (Auto- und Fahrradfähren nach Kökar) und Lumpo (für Sund) wichtiger Trittstein im Archipel.

FÖGLÖ 4 📖 A8

Mühelos radelt man durch die Ebe-nen von Föglö. Fischerkähne und Bootshäuser, Reusen und Angler, Eiderenten und wilde Schwäne be-gleiten den Weg. Fischerleben prägt die Insel, die 2011 Schauplatz des ARD-Films »Der Rekordbeobach-

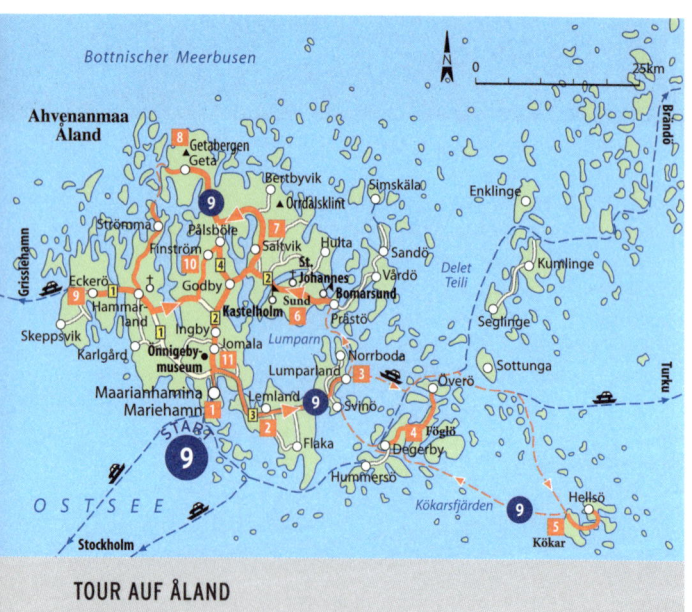

TOUR AUF ÅLAND

TOUR 9

INSELHOPPING AUF ÅLAND > S. 94

Mariehamn > Lemland > Lumparland > Föglö > Kökar > Sund > Saltvik > Geta > Hammarland > Eckerö > Jomala > Mariehamn

ter« war. Der Hauptort **Degerby** zählt zu den schönsten Dörfern der Inselwelt.

KÖKAR 5 ▮ A8

Auf Kökar findet man kaum Bäume, dafür ein **Franziskanerkloster** und zahlreiche Künstler, die sich hier Ateliers eingerichtet haben. Mit der Inselfähre gelangt man in 2,5 Std. zurück nach Lumparland, mit der Fahrradfähre weiter nach Prästö auf Sund.

SUND 6 ▮ A8

An der Ostküste von Sund liegen die Ruinen der Festung **Bomarsund.** Engländer und Franzosen sprengten im Krimkrieg dieses noch unvollendete, vom Zaren in Auftrag gegebene »Gibraltar des Nordens« aus Granit.

Dagegen strahlt vollendet das schon im Jahr 1388 urkundlich erwähnte **Schloss Kastelholm,** ein ehemaliges Jagdschloss des schwedischen Königshauses. In seinen Räumen spielten einst als Kinder Gustav Wasa und andere Könige (Mai–Mitte Sept. 10–16, Juni, Aug. bis 17, Juli bis 18 Uhr; 12 km westl. von Bomarsund).

In unmittelbarer Nähe versammelt das **Jan Karlsgårdens Friluftsmuseum** (Mai–Sept.) inseltypische Bauten. Sunds zweischiffige, 800 Jahre alte Kirche **St. Johannes** (Mai–Aug. geöffnet) ist die größte im Archipel. Sie gewährt einen unvergleichlichen Blick über die Schärenlandschaft.

UNTERKUNFT

Prästö Stugor & Camping €
Kleine Bungalows, mit Grillrestaurant.
• Sundsvägen 1758 | Prästö
Tel. 018-440 45

SALTVIK 7 ▮ A8

Der Weg auf Saltvik, einer an historisch bedeutsamen Funden und Orten reichen Insel, schlängelt sich an Waldrändern entlang zur Kirche **St. Maria,** vor der einst auf einem Thingplatz Volks- und Gerichtsversammlungen abgehalten wurden.

Der **Orrdalsklint,** mit 128 m Ålands höchster Berg, taucht unmittelbar aus dem Meer auf. Von seinem Gipfel bietet sich ein beeindruckendes 360-Grad-Panorama der Inselwelt.

Am Fuß des Berges entführt im Dorf **Långbergsöda** eine steinzeitliche Hüttensiedlung in die Stein- und Bronzezeit. Fundstätten beweisen, dass Ålands erste Bewohner bereits vor 6000 Jahren eintrafen. Die Besiedlung großen Stils begann um 600 n. Chr. Wikingergräber zeugen von der Zeit der Christianisierung – damals waren die Inseln Nordeuropas dicht besiedelt.

GETA 8 ▮ A8

Der **Getabergen,** Ålands zweithöchste Erhebung (107 m), prägt die Halbinsel Geta. Die steil zum Wasser abfallenden Felsen mit der Höhle **Djupviksgrottan** fesseln Geologen wie Besucher der Gipfelstation **Soltuna** – ein herrlicher Ort, um die Nacht im Freien zu verbringen.

HOTEL

Hotell Havsvidden €€€

Fabelhaftes modernes Boutiquehotel am Wasser, mit eigenem Strand und Fein- schmeckerrestaurant.

• Havsviddsvägen 90
  Tel. 018-494 08
  www.havsvidden.com

ECKERÖ 9 📖 A8

Eine Bogenbrücke überspannt den fischreichen Marsund, der sich zwischen **Hammarland** – interes- sant dort die trutzige Feldsteinkir- che **St. Katharina** aus dem 13./14. Jh. – und Eckerö schiebt. Die westlichste Gemeinde Finn- lands besteht aus einer Hauptinsel und etwa 200 kleineren Eilanden. C. L. Engel erbaute das auffallend große **Postamt** im Empirestil, denn Bewohner von Eckerö ebenso wie die des schwedischen Roslage beförderten von 1636 bis 1898 in Booten die Post zwischen Finnland und Schweden. An das mühselige *Postrodden* erinnert im Juni ein **Postruder-Wettkampf** mit Grissle- hamn.

Eckerös Küsten sind ein hervor- ragendes Paddelrevier. Boote ver- leiht z. B. **Nimix**, Västanholmen 14, Tel. 050-667 16, www. nimix.ax.

HOTELS

Eckerö Hotell €€€

Sympathisch Familienhotel, nahe am Meer und mit großem Garten; im Sommer mehr- mals in der Woche Dinner mit Tanz.

• Käringsundvägen 53
  Tel. 018-384 47
  www.eckerohotell.ax

Hotel Elvira €€

Hübsches Strand- und Familienhotel.

• Sandmovägen 85
  Tel. 018-382 00 | www.elvira.ax

FINSTRÖM 10 UND JOMALA 11 📖 A8

Die Attraktion der Binnengemein- de **Finström** ist abermals eine Kir- che: St.-Michaelis aus dem 13. Jh. mit bemerkenswerten Holzskulp- turen.

In der Gemeinde **Jomala** ent- deckte man auf der Anhöhe **Ing- bybergen** Gräber aus der Bronze- zeit und eine Grotte, in der der Teufel Ålands Jungfrauen ihre Un- schuld geraubt haben soll.

1 km weiter in Richtung Marie- hamn versteckt sich hinter Bäumen eine der ältesten Steinkirchen des Nordens, die **St.-Olaf-Kirche.** Vor etwa 900 Jahren erbaut, diente sie auch der Verteidigung.

Im östlichen Jomala lockt Kultur: Das **Önningeby Museum** vermittelt einen Einblick in die von der Insel- natur inspirierten Werke einer 1886 vom finnischen Landschaftsmaler Victor Westerholm (1860-1919) ge- gründeten Künstlerkolonie, åländi- sche Gegenstück zur Skagenkolonie in Dänemark (Juni–Aug. tgl. 11–16, Sept.–Mai Sa 12–15 Uhr).

HOTEL

Bastö Hotel & Blockhäuser €€

Gut ausgestattete Hütten und kleines Hotel am Meer in Nordfinström.

• Pålsböle | Tel. 018-423 82
  www.hotelbasto.com

FINNISCHE SEENPLATTE & KARELIEN

Eine Braunbärin
mit ihrem Nachwuchs

Europas viertgrößtem Seengebiet verdankt Finnland seinen Namen »Land der Tausend Seen« – mit einem Mökki mit Sauna für jeden. In Karelien, der Landschaft des Kalevala-Epos, sind noch Bär und Luchs heimisch.

Mitten im blauen Finnland, im Herzen des »Landes der Tausend Seen«, begeistern Jyväskylä, Kuopio und Joensuu als größte Städte mit kulturell Sehenswertem. Jyväskylä ist die Alvar-Aalto-Stadt, Kuopio ist bekannt für die Freundlichkeit, Joensuu hingegen für die Redseligkeit der Bewohner. Nach Savonlinna am Saimaa-See kommen alljährlich im Sommer Besucher aus aller Welt zu den Opernfestspielen.

Hier lohnt es sich, einmal diese urtypisch finnische Verschmelzung der Seen und Wälder vom Wasser aus zu genießen: Gönnen Sie sich eine Schiffsreise auf dem Päijänne oder Saimaa. Von Bord aus werden Sie eine erstaunliche Anzahl hübscher Sommerhäuser, *mökkis,* entdecken und sicher Sehnsucht nach ruhigen Angel- oder Wandertagen bekommen.

Je weiter man Richtung Osten fährt, desto endloser wirken die Wälder. Beiderseits der finnisch-russischen Grenze leben die Karelier. Vielen Finnen gelten die Bewohner der Provinz Nordkarelien als aufrichtigster Menschenschlag des Landes, der weder Lebensfreude noch Trauer zu verbergen sucht. Hier fand Elias Lönnrot die im Nationalepos »Kalevala« verewigten Lieder. Und Kareliens Natur ist so unberührt, dass in ihr Bär und Luchs heimischer sind, als es der Mensch je werden wird.

Verwunschen wirkt Savonlinnas Burg Olavinlinna im Morgendunst auf

TOUREN IN DER REGION

SAIMAA-RUNDE

> **ROUTE:** Savonlinna › Varkaus › Heinävesi › Joensuu › Kerimäki › Savonlinna
>
> **KARTE:** Seite 116
> **DAUER:** 3–4 Tage (ca. 370 km)
> **PRAKTISCHE HINWEISE:**
> - Die Autotour um den nördlichen Saimaa-See bietet Abwechslung zwischen Natur und Kultur.
> - Ideale Übernachtungsorte sind Varkaus, das Kloster Neu Valamo in Heinävesi und Joensuu. Dort kann man zur Kalevala-Tour › **Tour 12** wechseln.

TOUR-START:

Savonlinna 8 › S. 121 sollten Sie nicht verlassen, ehe Sie die Burg Olavinlinna besichtigt haben. Danach geht es durch das blau-grüne Mosaik der Saimaa-Landschaft – im Winter eine Sinfonie in Weiß – nach **Varkaus** 6 › S. 121, wo das Museum für mechanische Musik einen Besuch lohnt. Das Kloster Neu Valamo in **Heinävesi** 7 › S. 121 gewährt stille Momente, ehe die Route **Joensuu** 13 › S. 124 erreicht. In einem bemerkenswerten Museum dokumentiert die Hauptstadt Nordkareliens die Traditionen der Region. Auf dem

Rückweg nach Savonlinna liegt **Kerimäki** 10 › S. 122, eine kleine ländliche Gemeinde mit der weltgrößten **Holzkirche.**

IM HERZEN DES BLAUEN FINNLANDS

> **ROUTE:** Jyväskylä › Kuopio › Leppävirta › Varkaus › Savonlinna › Mikkeli › Jyväskylä
>
> **KARTE:** Seite 116
> **DAUER:** 1 Woche (ca. 530 km)
> **PRAKTISCHE HINWEISE:**
> - Die Tour durch Finnlands schönste Seenlandschaften ist mit sorgfältiger Planung auch per Bus (www.matkahuolto.fi) und Bahn (www.vr.fi) machbar, aber das Auto bietet deutlich mehr Flexibilität.
> - Zwei Zusatztage erfordert die Schiffstour über den Päijänne.

TOUR-START:

Den ersten Tag verbringen Sie in **Jyväskylä** 1 › S. 118, dessen Bild markante Bauten von Alvar Aalto prägen, und besuchen das Aalto-Museum. Am zweiten Tag geht es in die lebhafte Universitätsstadt **Kuopio** 4 › S. 120. Marktplatz, Puijo-Hügel und das orthodoxe Kirchenmuseum dürfen im Programm

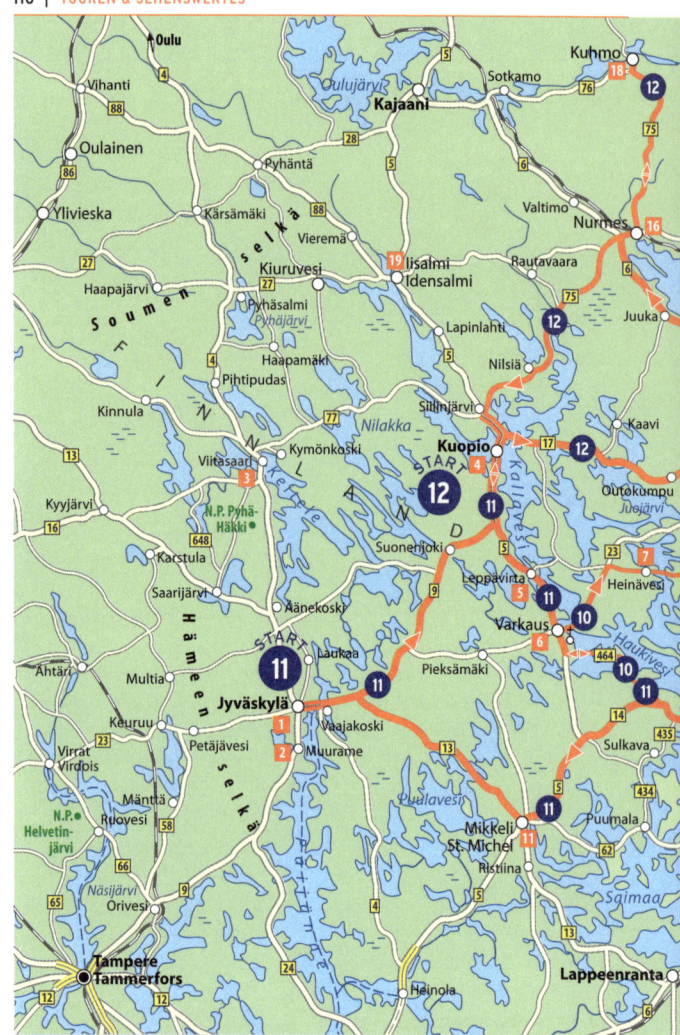

TOUREN AN DER SEENPLATTE UND IN KARELIEN

TOUR ⑩
SAIMAA-RUNDE
Savonlinna › Varkaus › Heinävesi ›
Joensuu › Kerimäki › Savonlinna

TOUR ⑪
IM HERZEN DES BLAUEN FINNLANDS
Jyväskylä › Kuopio › Leppävirta ›
Varkaus › Savonlinna › Mikkeli ›
Jyväskylä

nicht fehlen! Hier empfiehlt sich eine Übernachtung, alternativ in dem für Ostfinnland typischen Provinzort **Leppävirta** 5 › S. 121. Die Fahrt über **Varkaus** 6 › S. 121 nach **Savonlinna** 8 › S. 121 am nächsten Tag, dem vierten, ist kurz. Dort ist die Burg Olavinlinna ein Muss, die Fahrt über die schmale Landzunge **Punkaharju** 9 › S. 122 als Ausflug empfehlenswert. Am 6. Tag besuchen Sie **Mikkeli** 11 › S. 122, wo die Kinder in **Visulahti** Spaß haben können oder eine Kanutour schön ist, bevor es wieder nach Jyväskylä geht.

KARELIEN – AUF DEN SPUREN DES KALEVALA

ROUTE: Kuopio › Joensuu › Värtsilä › Ilomantsi › Koli › Kuhmo › Nurmes › Nilsiä › Kuopio

KARTE: Seite 116
DAUER: 5 Tage (ca. 710 km)
PRAKTISCHER HINWEIS:
• Diese Tour ist für die Fahrt mit dem eigenen Auto geplant.

TOUR-START:

Beginnen Sie Ihre Entdeckungen in **Kuopio** 4 › S. 120, ehe Sie ins Herz Kareliens nach **Joensuu** 13 › S. 124 fahren, um im Carelicum und im Nordkarelischen Museum mit der Kultur vertraut zu werden. Anderntags ist der Grenzort **Värtsilä** 12 > S. 123 ein interessanter Stopp auf dem Weg nach **Ilomantsi** 14 > S. 124. Dort wird im Runensängerhaus über das Kalevala berichtet. Die nächste Tagesetappe führt durch die Landschaft rund um den **Ukko-Koli** 17 > S. 126 nach **Kuhmo** 18 > S. 126 mit dem Kalevala-Erlebnisdorf. Auf dem Rückweg nach Kuopio liegt die Kleinstadt **Nurmes** 16 > S. 125 mit dem Haus Bombantalo, einem Prachtstück karelischer Architektur. Sportbegeisterte schätzen das Urlaubszentrum Tahko bei Nilsiä (Laitisenmäentie 11, Tel. 017-481 400, www.tahko.com). Es bietet vielerlei Aktivitäten das ganze Jahr über – von Winter- und Wassersport bis zu Wellnessprogrammen.

UNTERWEGS IN DER REGION

JYVÄSKYLÄ 1 ⭐ 📖 B7

Die zauberhafte Wasserlandschaft des Päijänne-Sees umgibt das Zentrum Mittelfinnlands. Finnische Städte wirken manchmal zeitlos langweilig mit breiten Straßen und nüchternen Zweckbauten. Nicht nur in Jyväskylä (138 000 Einw.), aber besonders hier, veränderte Alvar Altos Handschrift mit rund 100 Bauten das Bild. Er entwarf u. a. **Universität, Stadttheater** und das **Mittelfinnische Museum** (Broschüre für Rundgang im Infobüro). Sein Lebenswerk ist Thema des **Aalto-Museums** (Aalton katu 7, www.alvaraalto.fi, Di–So 11–18, Juli, Aug. 10–18 Uhr, 6 €).

Das sehenswerte **Museum für Handwerk und Kunstgewerbe** zeigt zeitgenössische Textilhandarbeiten und finnische Designobjekte sowie eine Trachtensammlung (Kauppakatu 25, www.craftmuseum.fi, Di–So 11–18 Uhr, 6 €).

Um den **See Jyväsjärvi** führt ein herrlicher Spaziergang.

INFO

Regional Tourist information
- Asemakatu 7 | Tel. 014-266 0113
  visit.jyvaskyla.fi/en

HOTELS

Scandic Jyväskylä €€€
Großes Hotel, gediegen moderne Ausstattung, zentral gelegen. Italienisches Restaurant.
- Vapaudenkatu 73 | Tel. 014-330 3000
  www.scandichotels.de

Hotel Milton €€
Gemütlich, eher traditionell eingerichtet; knapp 40 Zimmer.
- Hannikaisenkatu 29 | Tel. 014-337 7900
  www.hotellimilton.com

RESTAURANTS

Pöllöwaari €€€
Das Restaurant des Hotel Yöpuu bietet wirklich exzellente, raffiniert zubereitete saisonale Küche. Am besten wählt man eines der Menüs (auch mit Weinbegleitung).
- Yliopistonkatu 23 | Tel. 014-333 900
  www.ravintolapollowaari.fi
  Mo–Fr 11–24, Sa 13–24 Uhr

Schiffsrestaurant M/S Rhea €€
Sommerrestaurant auf Deck stationär im Hafen und bewirtete Schiffstouren. Empfehlung: frischer Zander aus dem Päijänne.
• Hafen Jyväskylä | Tel. 04 00-706 691
www.matkarhea.fi

AUSFLÜGE VON JYVÄSKYLÄ

In **Laukaa,** etwas nördlich von Jyväskylä, bietet das Freizeitzentrum **Varjolan Tila** Safaris, Rafting, Quadfahren u. a. Aktivitäten in wunderschöner Seenlandschaft mit einer Stromschnelle (www.varjola.com).

In **Muurame** 2 vermitteln im **Saunakylä** 30 Saunen einen Überblick über die Saunakultur › S. 34. Die Rauchsauna kann man ausprobieren (15 km südl., Juni–Aug. Di bis So 10–17 Uhr).

Die **Kirche von Petäjävesi,** 35 km westlich von Jyväskylä gelegen, ist UNESCO-Weltkulturerbe und ein außergewöhnliches Beispiel finnischer Holzarchitektur aus dem Jahr 1763 (Juni–Aug. tgl. 10–18 Uhr, sonst mindestens zwei Tage im Voraus anmelden, opas@petajavesi.fi, Tel. 040-582 2461).

VIITASAARI 3 B6

Nur wenige Autostrecken schlängeln sich an den Buchten der Seeufer entlang. Doch jene am Westsaum des Keitele-Sees lohnt die Fahrt nach Viitasaari: Hier bieten Stromschnellen und steile Felsen einen wild-schönen Anblick. Wer gut zu Fuß ist, kann **Karoliinas Stufen** am Kymönkoski (9 km Richtung Pihtipudas) bewältigen.

HOTEL
Hotel Pihkuri €€
Haus mit 24 Zimmern, schöne, ruhige Seelage, mit vielen Musikevents.
• Kappelintie 5 | Tel. 020-798 1440
www.pihkuri.fi

✈ ERLEBNIS PÄIJÄNNE: VON JYVÄSKYLÄ NACH LAHTI ⭐

Während der 10-stündigen Schiffsreise über Finnlands zweitgrößten See ziehen die schönsten Landschaften vorüber, große, tiefblaue Seenflächen, an deren Buchten die Spiegelung des Waldes die Uferlinie verwischt. Unterwegs werden kleine Häfen angesteuert, in denen man Zeit hat, sich umzusehen, bevor es wieder heißt: Leinen los und Tisch gedeckt im Bordrestaurant. In **Säynätsalo,** einer Gemeinde auf elf Inseln, baute Alvar Aalto 1953 das Gemeindehaus, bei **Kärkinen** wird die mit 104 m tiefste Stelle des Seeabschnitts Ristinselkä überfahren – sonst erreicht das Wasser kaum 20 m Tiefe. Gewagte Brücken spannen sich über die Sunde im Süden. Beim äußerst schönen **Asikkalanselkä** gelangt man an den 1306 m langen Vääksy-Kanal (1871) vom Päijänne zum Vesijärvi. Ankunft in Lahti › S. 88 in der Abendsonne.

Infos: Päijänne Risteilyt Hilden oy, Tel. 010-320 8820, www.paijanne-risteilythilden.fi; Pauschalen mit Hotel und Rückfahrt (Schiff/Bus).

KUOPIO 4 🏕 C6

Das Bild der Stadt (117 000 Einw.) prägt der **Puijo-Hügel** mit **Aussichtsturm** (11–19.30/21.30 Uhr). Das **Drehrestaurant** (Puijo Tower Restaurant, Tel. 044-552 4882, www. puijo.com, €€) in luftiger Höhe bietet einen grandiosen Blick auf den See Kallavesi und seine Inseln. Auf dem **Marktplatz** ist das Roggenbrot mit Fleisch- und Fischfüllung eine Kostprobe wert. Manche sagen, dieser *kalakukko* sei nur zusammen mit Kuopios zweiter Spezialität, dem Likör *mesimarja* aus der arktischen Himbeere, ein Genuss. Kutschfahrten *(vossikka)* starten an der **Markthalle**. Der **Hafen**, nur wenige Schritte östlich der Stadtmitte, ist gleichfalls ein beliebter Treffpunkt, im Sommer vor allem abends, etwa auf der Terrasse des Restaurants **Wanha Satama** (€€).

Prächtige sakrale Schätze versammelt das sehenswerte **Orthodoxe Kirchenmuseum** (Karjalankatu). > mehr S. 16 Punkt **31**

Das **Tanzfestival** im Juni begeistert mit einem bunten Programm internationaler Gruppen.

INFO

Kuopio Info
• Kauppakatu 45 | Tel. 017-182 584
   www.kuopiotahko.fi

HOTELS

Rauhalahti
Komfortables Wellnesshotel (€€€) mit Tanzrestaurant und Hostel (€€) im Wald. Finnische Abende mit Livemusik nebenan.
• Katiskaniementie 8
   Tel. 030-608 30 | www.rauhalahti.fi

Hotel Savonia €€
Gehobener Standard, behagliches Ambiente auf dem Puijo-Hügel.
• Sammakkolammentie 2
   Tel. 017-255 5100 | www.hotelsavonia.fi

Jahtihovi €€
Sehr freundliches, familiengeführtes Haus.
• Snellmanink. 23 | Tel. 017-264 4400
   www.jahtihovi.fi

RESTAURANTS

Harald €€
Traditionelle Gerichte in echtem Wikinger-Milieu – ein originelles Erlebnis!
• Tulliportinkatu 44 | Tel. 044-766 8202
   www.ravintolaharald.fi | Mo, Di 11–21, Mi–Fr 11–23, Sa 12–23, So 14–20 Uhr

---

💬 **MÖKKIS – OFFEN UND DOCH INTIM**

Für eine besondere Art finnischer Freiheit steht das *mökki*, zu übersetzen als »Sommerhaus am Wasser«. > **mehr S. 12 Punkt ❶**. Seine Geschichte begann im 19. Jh., als das städtische Bürgertum sommers ins Grüne auf die Inseln strebte. Über 450 000 dieser Kultstätten nordischen Lebens liegen über das Land verteilt. Genutzt werden sie von fast 2 Mio. Menschen – und wer noch kein eigenes *mökki* besitzt, genießt die Gastfreundschaft von Freunden oder Verwandten. Als oberstes – ungeschriebenes – Gesetz jedoch gilt: Die Privatsphäre des Nachbarn ist sakrosankt.

Isä Camillo €€
Stimmungsvolles Lokal in einem alten
Bankgebäude, gute Weinkarte.
• Kauppakatu 25–27
　Tel. 017-581 0450
　isacamillo.ravintolamestarit.net
　Mo–Do 11–22, Fr 11–24, Sa 14–24 Uhr

LEPPÄVIRTA 5 📖 C7

Entspannend ist ein Besuch in
Leppävirta (4500 Einw., www.leppa
virta.fi), dessen Ortsmitte auf einer
Anhöhe die große **Kirche** von
C. L. Engel prägt. Die Stromschnellen und Kanalanlagen in **Konnus**
(6 km außerhalb) sind an einem
schönen Sommertag der ideale Ort,
um bei einem Spaziergang die Natur zu genießen (Golfplatz, Camping in der Nähe).

　Für Tanzfreudige ist **Tulenliekki**
die Adresse in Leppävirta. Der
preisgekrönte Tanzpavillon liegt
40 km entfernt, ist aber auf jeden
Fall die Fahrt wert.

HOTEL
Holiday Club Vesileppis €€
Familienfreundliches Spahotel mit Bade-
strand und Spielplätzen in der Nähe. Im
Skitunnel trainieren die Profis.
• Vokkolantie | Tel. 029-170 0170
　www.vesileppis.fi

VARKAUS 6 📖 C7

Auf einem Spaziergang über die
Brücken der Stadt (21 600 Einw.)
erlebt man den Charme ihrer Inseln
und Kanäle. **Taipale** heißt Finnlands ältester Kanal von 1839. Den
Besuch sollten Sie in einem Lokal

mit der Spezialität »Gebratene Ma-
ränen (Felchen) mit Kartoffelbrei«
abrunden. Das **Mekaanisen Musii-
kin Museo** ⭐, das einzige dieser
Art in Finnland, unterhält mit me-
chanischen Toninstrumenten (Peli-
manninkatu 8, www.mekaanisen
musiikinmuseo.fi, März–Mitte Dez.
Di–Sa 11–18, So 11–17 Uhr, 16 €).

HOTEL
Oscar €€
Das Hotel liegt am Marktplatz. Modern-
funktionelle Einrichtung.
• Kauppatori 4 | Tel. 017-579 011
　www.hoteloscar.fi

HEINÄVESI 7 📖 C7

Erstes Ziel in der Klöstergemeinde
ist meist der idyllisch gelegene orthodoxe **Konvent Lintula** (Juni bis
Aug.). 1895 im karelischen Kannas
gegründet, wurde er 1946 nach
Heinävesi verlegt. Ein klostereige-
nes Schiff pendelt zum **Kloster Neu
Valamo** (1940), einem modernen
Wallfahrtsort mit einem 200-Bet-
ten-Hotel (Valamontie 42, Tel. 017-
570 1511, www.valamo.fi, €€).

SAVONLINNA 8 📖 D7

Die Stadt (35 400 Einw.) war in der
Vergangenheit Schauplatz vieler
Schlachten. Sinnbild dafür ist die
Burg Olavinlinna ⭐. 1475 von
den Schweden als Grenzbollwerk
erbaut, war sie häufig Angriffsziel
der Russen. 1742 fiel sie in zaristi-
sche Hand. Ruhe kehrte erst ein,
nachdem Finnland russisches Großfürstentum geworden war. In der

Folgezeit verfiel die Burg. Erst die Republik Finnland verhalf Olavinlinna zu neuem Glanz. Reizvoll sind die Besichtigung der Burg (tgl. 10/11–16, Juni–Mitte Aug. 10 bis 18 Uhr) sowie ein Bummel durch das auf Inseln gelegene Städtchen. › mehr S. 14 Punkt **15**

Opernfreunde sollten unbedingt die **Opernfestspiele** erleben › S. 51. Die Hauptveranstaltungen finden im Innenhof der Burg statt. Die Stimmung bei den Freilichtaufführungen am Saimaa-See ist einmalig.

INFO
Visit Savonlinna
• Riihisaari | Tel. 044-417 4466
  www.visitsavonlinna.fi

HOTEL
Savonlinnan Seurahuone €€
Direkt am Marktplatz, einige Zimmer mit Seeblick, gutes Restaurant.
• Kauppatori 4–6 | Tel. 015-202 02
  www.sokoshotels.fi

RESTAURANT
Linnakrouvi €€
Gourmet-Sommerrestaurant in einem alten Holzhaus.
• Linnankatu 7 | Tel. 015-576 9124
  www.linnakrouvi.fi

PUNKAHARJU   D7

Der 7 km lange Moränenrücken zwischen den Seen Pihlaja und Puruvesi gehört zu den landschaftlichen Attraktionen Finnlands (unbedingt die alte Straße, *vanha tie,* nehmen). 25 m unter dem Moränensand überrascht dort in be-

leuchteten Höhlen das Kunstzentrum **Retretti** mit 5000 m² unter- und oberirdischer Ausstellungsfläche (Juni–Ende Aug. 10–17 Uhr).

Im Dorf Punkaharju informiert das hochmoderne **Forstmuseum Lusto** über Holz und Wald.

UNTERKUNFT
Punkaharjun Lomakeskus €€–€€€
Ferienzentrum mit Hotel in einem Holzgebäude, Ferienwohnungen und Campingplatz.
• Tel. 044-765 2020
  www.punkaharjuresort.fi

KERIMÄKI 10 D7

In der 6000-Einwohner-Gemeinde sorgt die weltgrößte Holzkirche für Staunen: 45 m lang, 42 m breit, 27 m hoch, fasst sie 3000 Besucher. Angeblich war der Plan in Fuß berechnet, die Bauleute lasen dies als Meter.

MIKKELI 11 C7

Zweimal errichtete Marschall Mannerheim sein Hauptquartier in der Stadt (54 400 Einw.). In einer Schule, heute **Museum,** ist sein Arbeitsraum zu besichtigen.

Für **Kanutouren im Wasserlabyrinth des Saimaa** ist Mikkeli ein guter Ausgangspunkt. Östlich der Stadt, in **Anttola** (Busse), liegt ein Camp von **Wild Canoe.** Auch Familien und Ungeübte können Ausrüstung für Touren von 5–225 km bis zur Ostsee mieten. Geführte Trips ab drei Personen, Unterkünfte in Hütten oder Zelten (Wild Canoe, Lakeistenranta Camping, Tel. 0500-840 362, www.wildcanoe.com).

INFO

Mikkeli Tourist Information

- Maaherrankatu 22 | Tel. 044-794 5669
  http://visitmikkeli.fi

HOTEL

Anttolanhovi €€€

Edles Gutshaushotel 25 km südlich von Mikkeli; Ferienhäuser am Saimaa-Seeufer.

- Hovintie 224 | 52100 Anttola
  Tel. 044-430 1100
  www.anttolanhovi.fi

RESTAURANT

Gutshof Tertin Kartano €€

Köstliche regionale Spezialitäten. Auch fünf schmucke Zimmer.

- Norola (7 km östl.) | Tel. 015-176 012
  www.tertinkartano.fi | tgl. 10–18 Uhr

SHOPPING

Finnlands größtes hölzernes Pfarrhaus wandelte sich zum **Kunstgewerbezentrum Kenkävero,** mit Verkauf; schöner Garten.

- Pursialankatu 6 | www.kenkavero.fi
  Mo–Fr, So 10–18, Sa 10–16 Uhr

NIGHTLIFE

Bar'n Night Vaakuna

Die Adresse für Partys und die Stars der finnischen Musikszene (Mi, Fr, Sa).

- Porrassalmenk. 9 | Tel. 015-20 201

VÄRTSILÄ 12 ◫ D7

Die Grenzstation nach Russland lebt vom Güter- und Personenverkehr. Den 3 km breiten Grenzstreifen, der nicht betreten werden darf, kündigen gelbe Warnschilder (Beschriftung: *rajavyöhyke*) und im Wald gelbe Streifen auf Baumstämmen an.

Hier, im karelischen Grenzland, lebt die orthodoxe Tradition fort. Sie zeigt sich in dörflichen Sakralbauten wie der **Tsasouna** (orthodoxe Kapelle mit byzantinischen Stilelementen) im nördlich gelegenen **Mutalahti** (40 km). Und hier behaupteten sich die altüberlieferten, andernorts als Teufelswerk verketzerten *Runen* gegen abendländische Kultureinflüsse.

Kajaktour auf dem Saimaa

JOENSUU 13 🏛 D6

Früher versinnbildlichten die Flöße auf dem Pielisjoki die Zukunft der Stadt (75 500 Einw.), die Zar Nikolai I. 1848 gründete. Das Zentrum der östlichsten EU-Region stellt sich der Nachbarschaft zum russischen Teil Kareliens. Dies wird deutlich im **Carelicum**, dem Einkaufs- und Kulturzentrum. Hier ist auch das **Nordkarelische Museum** mit einer Dokumentation örtlicher Traditionen untergebracht (Koskikatu 5, Mo–Fr 10–17, Sa, So 10 bis 15 Uhr). › mehr S. 14 Punkt 14

INFO
Karelia Expert Matkailupalvelu Oy
• Teollisuuskatu 15 | Tel. 020-743 4660
  www.visitkarelia.fi

HOTEL
Aada €€
Im Zentrum, freundliche Räume. Eigenes Restaurant, günstige Sommerpreise.
• Kauppakatu 32 | Tel. 013-256 2200
  www.hotelaada.fi

RESTAURANT
Ravintola Kerubi €€
Modernes Lokal im Kulturzentrum Karjalantalo. Ideenreiche Marktküche.
• Siltakatu 1 | Insel Ilosaari
  Tel. 013-129 377 | www.kerubi.fi
  Mo 11–14, Di–Do 11–23, Fr 11–4.30,
  Sa 12–4.30, So 14–18 Uhr

ILOMANTSI 14 🏛 D6

Der Ort (6100 Einw.) zeigt schon in seinem Wappen mit den drei Kantelen seine Berufung als Hort kareli-

schen Brauchtums. Dieses gewinnt in der Musik kraftvollen Ausdruck. Sehr anschaulich und schön dokumentiert sieht man es – und hört es live – im **Parppeinvaara Traditionsdorf** ⭐ mit dem Runensängerhaus, dem Runonlaulajan Pirtti.

INFO
Karelia Expert Matkailupalvelu Oy
• Kalevantie 13 | Tel. 0400-240 072
  www.visitkarelia.fi

HOTELS
Hotelli Pogostan Hovi €€
Unlängst renoviertes freundliches Hotel mit 18 Zimmern (Kochgelegenheit).
• Kalevantie 12 | Tel. 040-196 4496
  www.hotellipogostanhovi.fi

Anssilan maatila €
Unterkunft auf dem Bauernhof in herrlicher Berg- und Seenlandschaft.
• Anssilantie 7 | 3 km vom Zentrum
  Tel. 040-543 1526 | www.anssila.fi

AM PIELINEN

LIEKSA 15 🏛 D6
Umgeben von unberührter Natur ist Lieksa (11 700 Ew.) mit 4087 km² eine der flächenmäßig größten Städte des Landes. Hofansichten aus vier Jahrhunderten bietet hier das **Pielisen Museo**, Finnlands bestes Freilichtmuseum mit mehr als 70 karelischen Gebäuden. Es veranschaulicht die harte Arbeit im Wald und beim Bau der teils erstaunlich großen Blockhäuser (Pappilantie 2, www.lieksa.fi/museo, Gelände Mitte Mai–Mitte Sept. tgl. 10–18 Uhr, Hausmuseum Winter Di–Fr).

INFO

Tourismusbüro
• Pielisentie 20 | Tel. 040-104 4000
  www.lieksa.fi

HOTEL

Pielinen €
Familienhotel am See Pielinen, im Sommer
Bootsausflüge. 37 km vor Lieksa.
• Vuonislahti | Tel. 045-264 0303
  www.hotellipielinen.com

RESTAURANT

Kestikievari Herraniemi €
Karelisch ländliche Küche am Ufer des
Pielinen. Auch Übernachtung.
• Vuonislahdentie 185 | 28 km vor Lieksa
  Tel. 0400-482 949 | www.herranniemi.com

AUSFLUG ZU DEN RUUNAA-STROMSCHNELLEN D6

Am Südrand von Lieksa zweigt eine
Straße zu den sechs Ruunaa-Strom-
schnellen ab (30 km nordöstl.). Im
Sommer kann man sie mit Flößen
Schlauchbooten auf 38 km Strecke
(3–4 Std.) durchfahren.

INFO – UNTERKUNFT

Neitikoski – Ruunaa Hiking Centre
Wildnis-Zentrum mit Infostelle, Verleih von
Angelausrüstungen, Kanus, Organisation
von Bootstouren auf den Stromschnellen.
Unterkunft in gemütlichen Hütten (€);
Restaurant. 50 km markierte Wege.
• Tel. 013-533 170
  www.sabimark.fi/neitikoski

NURMES 16 ▯ D6

Highlight der hübschen Kleinstadt
(8000 Einw.) ist ein **karelisches
Dorf** mit Holzhäusern und dem
Bombantalo. Dieses 1855 errichtete Gebäude stand einst im russischen Dorf Kuikkaniemi. 1934 ab-
gerissen und 1978 in Nurmes wieder
aufgebaut, führt es karelische Holz-
hausarchitektur und die Lebenswei-
se einer bäuerlichen Großfamilie
des 19. Jhs. vor Augen. Heute wird
es als Restaurant geführt (€–€€).

👍

DIE SCHÖNSTEN NATURPARKS

• Der **Nationalpark Nuuksio** bei Espoo eignet sich sogar als Tagesausflug von Helsinki (25 km). Die
unberührte Waldlandschaft, in
der noch Flughörnchen leben,
durchziehen auch Wege für
weniger erfahrene Wanderer.
Bus 85 ab Espoo > S. 79.

• Der **Nationalpark Pyhä-Häkki**
bei Viitasaari > S. 119 schützt
neben Mooren einige der letzten
Urwälder Mittelfinnlands. In den
jahrhundertealten Kiefern und
Fichten nisten Spechte. Auch große Eulen sind hier heimisch.

• Lappland pur! Im **Nationalpark
Lemmenjoki** – mit 2850 km² Finnlands größtes Reservat > S. 144 –
erlebt man Einsamkeit, wo durch
Nadel- und Birkenwälder, über-
ragt von kahlen Fjälls, Bären und
Elche streifen.

• Bären und Russland als Nachbarn:
Die Bärenrunden (75 und 9 km)
im **Nationalpark Oulanka** > S. 143
erschließen urtümliche Natur.

• Ein Paradies für Wanderer ist der
Urho-Kekkonen-Nationalpark
> S. 143.

INFO

Karelia Expert Matkailupalvelu Oy
• Kauppatori 3 | Tel. 050-336 0707
www.kareliaexpert.fi

AUF DEN BERG
UKKO-KOLI 17 ⭐10 🎒 D6

Bei Juuka erhebt sich am Ufer des Pielinen (868 km²) die prächtige Landschaft des Koli. Schon vor 100 Jahren war sie ein bekanntes Reiseziel. Dem Einfluss von Malern wie Eero Järnefeldt und dem Komponisten Jean Sibelius › S. 47 ist ihre Würdigung als finnische Nationallandschaft zu verdanken. Der majestätische Berg **Ukko-Koli** (347 m) spiegelt sich zusammen mit **Akka-Koli** (339 m) und **Paha-Koli** (334 m) im See. Der Aussichtspunkt ist mit dem Auto leicht zu erreichen. Vom Parkplatz überwindet eine Seilbahn die letzten 40 Höhenmeter. Das Besucherzentrum am Gipfel informiert über den kleinen, von der EU für nachhaltigen Tourismus ausgezeichneten Nationalpark (www.koli.fi, tgl. 10–17 Uhr). Den Paradeblick über die nordische Bilderbuchlandschaft kann man sich alternativ über einen 8 km langen Pfad erwandern.

UNTERKUNFT

Hattusaaren rantamajat €€
Ferienhäuser auf einer Landzunge, idyllische Lage direkt am Wasser.
• Hattusaari 42 | Koli | Tel. 0400-341 578
www.hattusaarenrantamajat.net

KUHMO 18 🎒 D5

Die Kleinstadt (8700 Einw., www.wildtaiga.fi) gilt als herausragendes Kalevala-Zentrum Finnlands. Das 4 km außerhalb gelegene Erlebnisdorf **Kalevalakylä** in der unberühr-

Blick über die Berge des Nationalpark Koli

ten Natur umfasst einen Themenpark mit Restaurant, Campingplatz und Hütten, wo man in die finnische Sagenwelt eintauchen kann. Im Sommer werden oft Konzerte und Tanzabende veranstaltet (www.kalevalaspirit.fi, Juni–Mitte Aug.).

Das unter Anwendung traditioneller Holzbauweise errichtete moderne Kulturzentrum **Juminkeko** informiert mit multimedialer Technik über Elias Lönnrots »Kalevala« und karelische Kultur. Zudem zeigt es Kunstausstellungen (www.juminkeko.fi/en, Mo–Do 12–18, im Juli tgl., 5 €).

Im **Naturzentrum Petola** können Besucher Finnlands (Raub-)Tierwelt kennenlernen – zwar nicht live, aber in ausführlichen Dokumentationen über Bären, Wölfe, Luchse, Füchse und Vielfraße (Lentiirantie 342, Juni–Aug. tgl. 9–17, Sept.–Mai Mo–Fr 9–16 Uhr).

Im Juli füllt das **Kammermusikfestival** die Stadt mit Musikfreunden (www.kuhmofestival.fi).

HOTEL
Hotelli Kalevala €€€
Originelles Hotel in der Form eines Adlers. Bezaubernde Lage am See Lammasjärvi.
• Väinämöinen 9 | Tel. 08-655 4100
  www.hotellikalevala.fi

IISALMI 19 ◖ C6

Der Name der Stadt (22 000 Einw.) bedeutet auf Sámisch »Nacht«, wohl weil Durchreisende an ihrer Bucht übernachteten – ein Brauch, dem man heute durchaus folgen sollte. Neben der orthodoxen Kirche (Kyl-

likinkatu 8, tgl. 10–16 Uhr) befindet sich das Kulturzentrum, u. a. mit Bibliothek, Ausstellungssaal und kleinem Naturkundemuseum.

Als Pausenraum für Eisenbahner entstand 1907 das angeblich kleinste Lokal der Welt: Das **Kuappi** bietet auf 8 m², davon 3,6 m² »Saal«, zwei Gästen Platz zum Biertrinken. Auf der Terrasse wartet ein Tisch mit zwei Stühlen. Speisen kommen vom Restaurant nebenan (Tehtaantie 1, Juni/Juli Mo–Sa 13–19 Uhr, €).

Iisalmi ist auch Heimat des Bieres »Olvi«. Historischen Bierdurst stillt das **Brauereimuseum** am Hafen (Mo–Fr 10–15 Uhr).

INFO
Tourist Information
• Pohjolankatu 14 | Tel. 040-350 4217
  www.iisalmi.fi

HOTELS
Haapaniemen Matkailu €€
Nette, moderne Zimmer in stattlichem Holzhaus, auch Hütten am Wasser.
• Haapaniementie 165
  Tel. 0440-207 701
  www.haapaniemenmatkailu.fi

Hotel Golden Dome €€
Boutiquehotel in einem 2016 renovierten historischen Gebäude, ruhige Lage.
• Kirkkopuistonkatu 28
  Tel. 017-812 244 | www.goldendome.fi

Sokos Hotel Koljonvirta €€
Traditionelles Haus mit frischen Akzenten. Beliebte Restaurants für Familien, Pub, Nachtklub BePop (Mi, Fr, Sa).
• Savonkatu 18 | Tel. 010-785 6100
  www.sokoshotels.fi

LAPPLAND

Bei Oulu durchstreift eine Rentier-
herde den winterlichen Wald

Natur pur vom Bottnischen Meerbusen bis zum Dreiländereck und rund um den Inari-See im Land der Sámi: Fjälls und einsame Moore, tosende Wildwasser und Lachse versprechen einzigartige Wandererlebnisse.

Wo es mehr Rentiere als Einwohner gibt, da ist Lappland. Die Einwohnerdichte liegt bei zwei Personen pro Quadratkilometer in der letzten Wildnis Europas, dem Gebiet der Sámi › S. 44, wo auch Elch und Bär zu Hause sind, u. a. in riesigen Nationalparks wie Urho Kekkonen oder Lemmenjoki. Im Sommer genießt man die Mitternachtssonne, im Winter tanzen fantastische Nordlichter am Himmel, die lange Nacht erhellt glänzender Schnee. Wintersportgebiete wie Ylläs und Ruka locken während der Skisaison. Im Sommer sind Wanderungen, Kanutouren und Angeln angesagt.

Rovaniemi, Lapplands Hauptstadt, kennen alle kleinen und großen Finnen als die Heimatstadt des Weihnachtsmanns. Er hat dort Wohnsitz und Postadresse, Reisende können ihn im Joulupukin Pajakylä, dem Weihnachtsmann-Dorf, besuchen. Die Stadt am Polarkreis ist ein idealer Ausgangspunkt für Touren, da sie mit dem Flugzeug von Helsinki aus oder auch mit Bus oder Bahn von anderen Landesteilen gut erreichbar ist.

Wer in Lappland reist, muss Geduld mitbringen. Hier ticken die Uhren noch anders. Keiner hat es eilig. Wege und Fahrten sind lang. Im Falle einer Panne kann man sicher sein, dass der Nächste, der des Weges kommt, vielleicht nicht viel redet, aber auf jeden Fall hilft.

TOUREN IN LAPPLAND

TOUR 13

FJÄLLWEG DER VIER WINDE

ROUTE: Oulu › Tornio › Muonio › Enontekiö › Kilpisjärvi › Muonio › Kittilä › Rovaniemi

KARTE: Seite 130
DAUER: 5 Tage (1615 km)
PRAKTISCHE HINWEISE:
- In Lappland sind die Entfernungen weit. Auch bei dieser Auto- oder Campertour gilt es daher aufzupassen, dass der Tank nicht plötzlich leer wird.
- Oulu, Tornio und Rovaniemi sind auch mit dem Zug zu erreichen.

Berlevåg, Batsfjord · Vardø · Berlevåg, Vardø

Olderfjord · Nuorgam · Kirkenes · Murmansk

Sørøy · Utsjoki · Sevettijärvi · Nikel

Alta · Karígasniemi **14** · Karasjok

N O R W E G E N · 92 · Kaamanen · Inari-järvi · Padun

Halti 1328 · Kautokeino · Inari Anár **13** · Ivalo **12** Avvil · Raja-Jooseppi · Murmansk

Kilpisjärvi · N.P. Lemmenjoki · Menesjärvi **11** Kaunispää 438 · N.P. Urho Kekkonen · Mutenia · R U S S L A N D

21 **13** · Enontekiö (Hetta) **7** · Saariselkä · Tankavaara **10** · Vuotso · Lokan tekojärvi

Palojoensuu · N.P. Pallas-Yllästunturi · Porttipadan tekojärvi **14**

Muonionjoki · Muonio · Levi 531 · **14**

Narvik · 21 · Ylläs 740 **8** Kittilä · 80 · Sodankylä **9** · Tenniöjoki

Kihlanki · Ylläsjärvi · Luosto 514 · Pelkosenniemi

Svappavaara · Tornedälven · Kolari · **13** · Pyhätunturi 540 · Salla

Gallivare · Lappea · 79 · Kemijärvi **14** · **14** · N.P. Oulanka

Pello · **14** · Suomutunturi · 5 · Nissinvaara

Juoksenki · **13** · Rovaniemi · 83 · 81 **14** · Posio

Nördl. Polarkreis · Aavasaksa 242 · **2** · 15

Ylitornio · **1** · START LAPPLAND · **14** · 20 · Kuusamo

Heden · Kemijoki · **3** Ranua

21 · Zoo

Tornio **6** · Kemi · 4 · START **13** Oulu · 20 · Pudasjärvi

Boden · **5** · Simo · Suomussalmi

Luleå · Haukipudas · Haukipudas Hailuoto · **4** Oulu · Puolanka

Piteå · Kempele · Vaala · 22 · Paltamo

Meerbusen · Raahe · 8 · Oulu-Järvi · Kajaani

Skellefteå · Vuolijoki · Kuhmo · Nurmes

Kalajoki · Ylivieska · Kärsämäki · 5

Bottnischer · Kokkola Karleby · 88

Ulmeå · Bjurholm · Pietarsaari Jakobstad · 8 · 13

Stockholm · Vaasa · Vaasa · 100 km

TOUR-START:

Die Tour vermittelt einen Eindruck von der nördlichen Küste des Bottnischen Meerbusens und verläuft dann an den Grenzflüssen entlang zum Dreiländereck. Abseits der Hauptstrecke lassen sich Lapplands Fjäll-Landschaften näher erkunden.

In **Oulu** `4` › S. 136 schlendern Sie durch Finnlands bunteste Fußgängerzone. Jenseits des Simojoki erreichen Sie nach kurzer Fahrt **Kemi** `5` › S. 137, wo jedes Jahr ein Eisschloss mit Hotel gebaut wird. **Tornio** `6` › S. 138 liegt an der Grenze zu Schweden. Bei Juoksenki quert man den Polarkreis. Nach Norden begleitet eine landschaftlich reizvolle Nebenstraße den Tornionjoki, in den bei Lappea der Muonionjoki mündet. Auf die Hauptstraße stößt man wieder in Kolari. Der Ort liegt nahe der Wintersportregion Ylläs › S. 139, wo man übernachtet.

Am Tag darauf fährt man über Muonio › S. 138 in die Landgemeinde **Enontekiö** `7` › S. 138. Sie reicht

bis Kilpisjärvi im Dreiländereck mit Schweden und Norwegen, wo es sich lohnt, für Wanderungen ein bis zwei Tage einzuplanen.

Auf dem Rückweg unternehmen Sie bei Palojoensuu (Straße 958) einen Abstecher in das typische Sámi-Kirchdorf Hetta › S. 139. Hier starten Wildmarkwanderrouten durch den Nationalpark Pallas-Yllästunturi. In Muonio zweigt die Straße zum sportlich und künstlerisch interessanten **Kittilä** `8` › S. 139 ab. Von dort erreichen Sie in einer Stunde **Rovaniemi** `1` › S. 133 – nun ist der Weihnachtsmann am **Polarkreis** `2` › S. 135 nicht mehr weit.

DURCH LAPPLANDS GOLDGEBIETE

ROUTE: Rovaniemi › Sodankylä › Inari › N. P. Lemmenjoki › Utsjoki › Sodankylä › Pelkosenniemi › Kemijärvi › Kuusamo › Posio › Rovaniemi

KARTE: Seite 130
DAUER: 5–7 Tage (1288 km)
PRAKTISCHE HINWEISE:
- Nur mit Auto, Camper oder Motorrad lässt sich die Strecke bequem bewältigen.
- Wer die Nationalparks und Sámi-Wohngebiete eingehender kennenlernen will, muss zusätzliche Tage einplanen.

- Als Übernachtungsorte bieten sich Saariselkä, Inari, Kemijärvi und Kuusamo an. Meist hat man bei den Unterkünften Auswahl, in Karigasniemi ist das Gasthaus Kalastajan Majatalo (Tel. 040-484 8171, www. hansabar.fi, €€) die Empfehlung, weiter nördlich das Feriendorf Nuorgamin Lomakeskus direkt am Fluss Tenojoki (Nuorgamintie 4401A, 99990 Nuorgam, Tel. 0400-294 669, www.nuorgaminlomakeskus.fi; Hütten und Camping, €€).

TOUR-START:

In **Rovaniemi** **1** ▸ S. 133 beginnend, führt die Tour über die Eismeerstraße in den äußersten Norden. Auch weckt sie Erinnerungen an den Goldrausch, der hier vor 130 Jahren ausbrach. Von der Abzweigung am Vikajärvi-See begleitet die Eismeerstraße den Raudanjoki bis **Sodankylä** **9** ▸ S. 140. 17 km vor dem Ort mag ein Abstecher in das Fjällgebiet **Luosto** ▸ S. 140 reizen, im Winter ein beliebtes Wintersportgebiet. Im Sommer ist dort Europas einzige Amethystmine zugänglich.

Weiter geht es nach Vuotso. Ehe die Straße durch Moor- und Sumpfland ansteigt, lohnt sich ein Stopp im Sámi-Dorf am Stausee Lokka. Besucher finden hier eine Ausstellung unverfälschter Sámi-Handarbeiten und Informationen zur Rentierwirtschaft. Die Eismeerstraße streift nun den Urho-Kekkonen-Nationalpark ▸ S. 143. Finnlands zweitgrößtes Schutzgebiet bietet mit dem Luiro-See und Sehenswürdig-

keiten wie verlassenen Sámi-Dörfern aus den 1940er-Jahren große Vielfalt. In **Tankavaara** **10** ▸ S. 140 dokumentiert ein Goldgräberdorf die Geschichte der Suche nach dem Edelmetall, von dem heute Touristen das eine oder andere Körnchen finden können.

Auf der Weiterfahrt wandelt sich die Vegetation. Zwergbirken und Krüppelkiefern beherrschen die tundraartige Landschaft. Neue Ferienzentren entstehen in den Einöden. Das Gebiet von **Saariselkä** **11** ▸ S. 141 ist Lieblingsziel von Finnlands Jetset. Bald erreicht man **Ivalo** (sám. **Avvil**) **12** ▸ S. 141, Verwaltungszentrum der Gemeinde Inari. Im Ort zweigt eine Straße zum nördlichsten Grenzübergang nach Russland, Raja-Jooseppi, ab.

Die »Finnvier« führt weiter zum Kirchdorf **Inari** **13** (sámisch **Anár**) ▸ S. 141. Es liegt an der Mündung des fischreichen Juutuanjoki in den **Inari-See.** Mit dem Wasserbus kann man Ausflüge zur Insel Ukonkivi unternehmen. Sie ist alte Sámi-Kultstätte für den Gewittergott Ukko.

Die für Angler und Wanderer reizvolle Nordschleife der Tour führt nach Karigasniemi, um danach dem Tenojoki bis Utsjoki, dem Tor zum Naturpark Kevo (30 km südlich), zu folgen. Es ist Finnlands nördlichste Gemeinde.

Von der bekannten Strecke weicht der Rückweg erst in **Sodankylä** **9** ▸ S. 140 ab: Über die Straße 5 geht es über Pelkosenniemi ▸ S. 144 nach **Kemijärvi** **14** ▸ S. 144. Bei Finnlands nördlichster Stadt ergießt sich der 510 km lange Kemijoki in den pittoresken Kemijärvi. Das Ski- gebiet Suomutunturi › S. 144 zur Rechten, den Nationalpark Oulanka › S. 143 zur Linken, nähert man sich dem See Kitkajärvi. **Kuusamo 15** › S. 144, die südlichste Station der Tour, zählt landschaftlich noch zu Lappland. Sie ist Ziel vieler Kanuten, Wanderer und Angler. 10 km nörd- lich, in Nissinvaara, zweigt die Stra- ße 81 nach Posio ab. Auf dem Rück- weg nach **Rovaniemi 1** bietet sich dort Shopping in der bekannten Keramikfabrik Pentik › S. 48 an.

UNTERWEGS IN LAPPLAND

ROVANIEMI 1 12 ▮ B–C3

Bühne zur Arktis – Sterne und Nordlicht sind die Scheinwerfer über diesem Tor zu Lappland. Rova- niemis älteste ständige Besiedlung datiert ins 11. Jh. Eine wilde Auf- bruchszeit erlebte der Ort, als im 19. und Anfang des 20. Jhs. der Reich- tum des Waldes und die Versu- chung des Goldes Waldarbeiter, Abenteurer und Händler anlockten. 1944 brannte die Stadt im Lapp- landkrieg fast vollständig ab. Alvar Aalto gestaltete nach 1945 das neue Stadtbild, mit einem Straßenplan in der Form eines Rentiergeweihs. Heute ist Rovaniemi (61 700 Einw.) wirtschaftlicher und kultureller Mittelpunkt der Provinz Lappland.

STADTRUNDGANG

Der Spaziergang (4 km, 3 Std.) be- ginnt am Zusammenfluss von Ke- mijoki und Ounasjoki, wo das noch junge Wahrzeichen der Stadt, die **Jätkänkynttilä-Brücke** (Holzfäller- kerzenbrücke) **A** die Stromschnel- len überspannt. Am Ounasjoki-Ufer liegt das moderne **Arktikum B**. Hier informieren zwei hervorragen- de Ausstellungen über die Welt nördlich des Polarkreises (www.ark tikum.fi, Juni–Aug. tgl. 9–18, sonst Di–So 10–18 Uhr, 13 €). › mehr S. 18 Punkt **38**

Gleich nebenan bietet das Wis- senschaftszentrum **Pilke Tiedekes-**

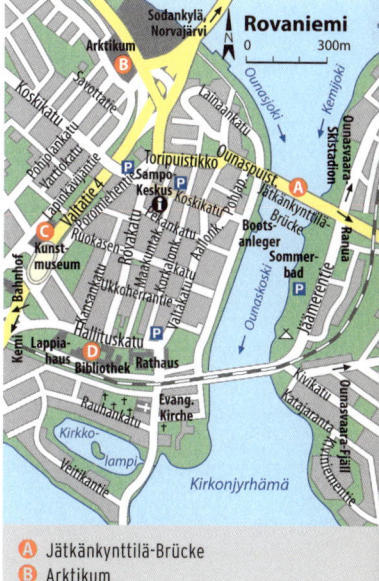

- **A** Jätkänkynttilä-Brücke
- **B** Arktikum
- **C** Kunstmuseum
- **D** Verwaltungs- und Kulturzentrum

kus eine interaktive Reise in die finnischen Wälder (www.tiedekes kus-pilke, Juni–Aug Mo–Fr 10–18, Sa, So 10–16, sonst kürzer, 7 €).

Sobald man wieder in die modernen Häuserzeilen eintaucht, umfängt einen lautes urbanes Leben an der Fußgängerzone **Koskikatu.**

Das **Kunstmuseum** Ⓒ (Lapinkävijäntie 4) zeigt Werke finnischer, oft lokaler Künstler in wechselnden Ausstellungen.

Weiter südlich, in Hallituskatu, hat Aalto als prägnante Visitenkarte den Komplex des **Verwaltungs- und Kulturzentrums** Ⓓ mit Kongresshalle (Lappia-Haus), Bibliothek und Rathaus hinterlassen. Zwischen den Gebäuden symbolisiert Kain Tappers gewaltiges **Felsmonument** die »Geburt der Berge« (1988) Lapplands Wiederauferstehung nach den Zerstörungen des Lapplandkriegs.

Herrliche Eindrücke von der Umgebung so nahe am Polarkreis vermitteln die vielfältigen Safari- und Erlebnistouren ab Rovaniemi. Rustikal sind Fahrten zu Rentierfarmen, im Winter mit Rentier- oder Pferdeschlitten über das Eis (www. lapinsafarit.fi).

INFO
Tourist Information
• Maakuntakatu 29–31 | Tel. 016-346 270
  www.visitrovaniemi.fi
  Regional: www.laplandfinland.com

UNTERKÜNFTE
Santa's Hotel Santa Claus €€€
Schickes, in der Innenstadt gelegenes Hotel mit drei Restaurants und einer guten Weinkarte.

• Korkalonkatu 29 | Tel. 016-321 321
www.santashotels.fi

Scandic Pohjanhovi €€€
Außen nüchtern, innen behaglich und komfortabel, ferner eine Topadresse für Sport und Nightlife: Tanzrestaurant und Karaoke.
• Pohjanpuistikko 2 | Tel. 016-465 4014
  www.scandichotels.de

Lapland Hotel Ounasvaara Chalets €€
Mökki-Urlaub stadtnah: über 50 komfortable Holzhäuser bei Rovaniemi.
• Skizentrum Ounasvaara
  Tel. 016-323 4100 | www.laplandhotels.com
  www.ounasvaara.fi

Santa Sport €
2 km von der Ortsmitte Unterkunft in Hütten oder Zimmern für 1–4 Personen beim Sportinstitut Santa Sport.
• Hiihtomajantie 2 | Ounasvaara
  Tel. 020-798 4202 | www.santasport.fi

RESTAURANTS
Lapland Hotels Sky Ounasvaara €€€
Finnlands Gourmets loben das Aussichtsrestaurant wegen bester regionaler wie internationaler Speisen.
• Ounasvaara | Tel. 016-32 34 00

Nili €€
Spezialitäten aus Lappland in passend dekorierter Umgebung.
• Valtakatu 20 | Tel. 0400-369 669
  www.nili.fi | Mo–Fr, So 17–23, Sa 12–23 Uhr

Cafe Toivo €
Sympathisches Café, das mittags köstlich frische Imbissgerichte serviert.
• Rovakatu 14 | Tel. 040-176 9969
  www.cafetoivo.fi
  Mo–Fr 7.30–17 Uhr, Sa 10–14 Uhr

NIGHTLIFE

Im **Tanzbodenlokal Valdemari** bei der Holzfällerkerzenbrücke kann man sommers den Tag in der Atmosphäre der nicht untergehenden Sonne ausklingen lassen. Wer nachts ausschwärmt, begegnet in Rovaniemis Nachtklubs und Diskos einer Lebenslust, die viele im hohen Norden nicht vermuten. Besonders gern trifft man sich im skurril eingerichteten **Kauppayhtiö Café** (Valtakatu 24, www.kauppayhtio.fi), in dem am Wochenende oft Musikbands auftreten.

POLARKREISRUNDE

Jährlich machen sich über 600 000 Touristen aus aller Welt von Rovaniemi zum Polarkreis auf. Die 8 km nach Norden, eine Distanz, die man auch zu Fuß oder mit dem Fahrrad zurücklegen kann, sollte man im **Arktikum** › S. 133 beginnen, wo die geografische Situation bildhaft wird. Auf halber Strecke liegt dann der **Santa Park** ⭐ (www.santapark.com, Ende Nov.–Anf. Jan., Mitte Juni–Mitte Aug.). In der tiefen Felsenhöhle lassen sich die arktischen Jahreszeiten mit allen Sinnen erfassen und erleben.

Am **Polarkreis** 2 angekommen, können Sie die magische Linie auf 66° 33' 07" überschreiten und sich dies bei der Touristeninformation und in einigen Souvenirgeschäften beurkunden lassen.

Sehenswert im **Santa Claus Village** (*Joulupukin Pajakylä*) ist das Postamt des Weihnachtsmanns und seine märchenhafte Kammer, in der er zu Fototerminen anwesend ist (www.santaclausvillage.info).

RANUA 3 📖 C4

Der nördlichste Tierpark der Welt ist die Attraktion der kleinen Stadt (5300 Einw.), 80 km südöstlich von Rovaniemi gelegen. Über 60 Tierarten des arktischen Raums gilt es hier

Direkt am Polarkreis liegt das Santa Claus Village

zu entdecken (www.ranuazoo.com, Juni –Aug. tgl. 9–19, Sept.–Mai tgl. 10–16 Uhr).

Am ersten Augustwochenende feiert Ranua ein kulinarisches Fest, wenn auf dem **Moltebeerenmarkt** die Händler der *lakka, hilla* oder *suomuurain* genannten Beere zusammenkommen.

OULU 4 B4–5

Auf dem Weg nach Norden bietet sich ein Halt im lebhaften Oulu (Uleåborg; 200 500 Einw.) an. Die Hauptstadt einer eigenen Provinz mit der zweitgrößten Universität des Landes liegt noch nicht in Lappland. Durch den Export von Holzteer, gewonnen aus den Wäldern des Binnenlandes, stieg sie zu einem bedeutenden Umschlaghafen auf. Heute begründen Hightechprodukte ihr Ansehen. Wissenschaft und Technik erklärt spielerisch und interaktiv das Wissenschaftszentrum **Tietomaa** (Nahkatehtaankatu 6, www.tietomaa.fi, Mo–Fr 10–17, Sa, So 10–18 Uhr, 15 €).

Lebhaft geht es zu, wenn Mitte Juli über den gemütlichen Lokalen des **Rotuaari** ⭐, Finnlands buntester Fußgängerzone, eine Knoblauchwolke wabert: Dann feiert Oulu die **Vampirnacht**. International berühmt sind die sommerlichen Luftgitarrenweltmeisterschaften.

Eine Besichtigung lohnen der **Dom** (1832, von C. L. Engel), das **Nord-Österbottnische Museum** auf der parkartigen Insel Ainola und das **Kunstmuseum.** Appetit macht ein Marktbummel westlich der Innenstadt. Naturfreunde genießen einen Ausflug zur meist sonnigen **Vogelinsel Hailuoto** (30 km, Autofähre gratis; www.hailuototourism.fi, www.finferries.fi).

💬 **LOHI – KEIN LUXUS DER NOBLEN GESELLSCHAFT**

Wem gehört der Lachs, der Jahr für Jahr aus dem Meer zu den Laichplätzen zurückkehrt? Eine wichtige Frage entlang der Grenzflüsse Muonionjoki und Tornionjoki, wo der Lachs neben Pelzen immer noch das wichtigste Exportprodukt ist. Über Jahrzehnte profitierten die schwedischen Fischer von den Gesetzen ihres Staates, die ihnen das einträgliche Fischen in den Buchten des Bottnischen Meerbusens gestatteten, während ihre finnischen Kollegen – per Gesetz am Fischen gehindert – an den Flussläufen leer ausgingen. Die Zeiten haben sich geändert. Lachs schwimmt noch im Überfluss die Jokis auf- und abwärts. Und die Köstlichkeit, die anderswo sehr ins Geld geht, wird in Tornio oder Rovaniemi oft preisgünstiger gehandelt als Rinderfilet.

Der echte Sportangler wird sich kaum mit den Teichen zufriedengeben, in denen der Lachs *(lohi)* meist eine Regenbogenforelle *(kirjolohi)* ist und zudem reiner Besatzfisch. Den echten *lohi* gilt es von Juni bis August in den Küstengewässern und Flüssen Lapplands zu ködern, ob mit Blinkern, Wobblern oder Fliegen. Doch ohne Angelschein geht nichts › S. 28. Petri Heil!

INFO

Oulu Tourist Information
- Torikatu 10
  Tel. 08-558 41330 | www.visitoulu.fi

HOTELS

Sokos Hotel Eden €€€
Großes Wellness- und Konferenzhotel bei
Nallikari an breitem Sandstrand. Schöne
Restaurantterrasse.
- Holstinsalmentie 29 | Tel. 020-123 4603
  www.sokoshotels.fi

Hotel Lasaretti €€–€€€
Nordisch-stilvoll eingerichtete Zimmer, mit
Bar-Restaurant und sonniger Terrasse.
- Kasarmintie 13 | Tel. 020-757 4700
  www.lasaretti.com

Lapland Hotel Oulu €€–€€€
Modernes Designhotel mit viel Lappland-
Dekor. Einige Zimmer haben sogar eine
Privatsauna. Sehr gutes Restaurant mit Bar.
- Kirkkokatu 3B | Tel. 08-881 1110
  www.laplandhotels.com

RESTAURANT

Uleåborg 1881 €€
Gemütliches altes Lagerhaus, köstliche
Fisch- und Wildgerichte.
- Aittatori 4–5 | Tel. 08-881 1188
  www.uleaborg.fi | Mo–Sa 17–23 Uhr

KEMI 5 📖 B4

Kemi (21 700 Einw.) entwickelte sich
an der Mündung des Simojoki. Der
Fluss besitzt auf Höhe des Kemijoki-
Wasserkraftwerks eine Lachstreppe
mit Sichtfenster. Den **Eisbrecher
»Sampo«** erkunden kann man Mitte Mai–Mitte Aug. (tgl. 10–18 Uhr;
mit Café/Restaurant, €€) und im
Winter an Eisbrecherfahrten teilnehmen. › mehr S. 12 Punkt ❸

Auch lockt alljährlich das **Eisschloss Lumilinna** mit Attraktionen wie Übernachtung im Eishotel
oder in Glasvillen (www.experi-
ence365.fi/snowcastle, Ende Jan. bis
Anf. April tgl. 10–19 Uhr, 29 €, Kinder 17,40 €). › mehr S. 16 Punkt ㉕

Ein Erlebnis ganz anderer Art
bietet die **Edelsteingalerie** mit
über 3000 kostbaren Steinen (Jan.
bis Juni Mo–Fr, Juli–Dez. Di–Sa).

INFO

Kemi Tourism Ltd
- Kauppakatu 29 | Tel. 016-258 878
  www.experience365.fi

RESTAURANTS

Puistopaviljonki €€–€€€
Im Parkpavillon am Meer internationale
Gerichte und Pizzas.
- Urheilukatu 1 | Tel. 016-223 110
  www.puistopaviljonki.fi | Mo–Do 10.30 bis
  20, Fr 10.30–22, Sa, So 12–21 Uhr

Café Miorita €
Herrlich: die ofenfrischen *pullas* aus der
eigenen Bäckerei.
- Valtakatu 5 | www.miorita.fi | So geschl

TORNIO 6 📖 B4

Die Stadt an der finnisch-schwedi-
schen Grenze bildet mit Haparanda
in Schweden eine Städtegemein-
schaft (22 200 Einw.). Auf Tornios
Golfplatz ist, weltweit einmalig, der
Ball an einer Bahn zwischen Ab-
schlag und Loch über 1 Stunde unterwegs – wegen der Zeitdifferenz
zwischen den Staaten.

Beachtung verdienen in Tornio das **Aine-Kunstmuseum** (Torikatu 2) und die 1686 aus Holz erbaute **Pfarrkirche** mit ihrem freistehenden Glockenturm. An den **Stromschnellen von Kukkola** (ca. 15 km nördlich) sprudelt der Tornionjoki auf 3,5 km malerisch über die Felsen – ein schöner Platz zum Schauen, Angeln, Picknicken und Raften.

INFO

Tourist Information
- Resecentrum, Krannigatan 5
  (im gemeinsamen Busbahnhof von
  Tornio-Haparanda)
  Tel. 050-590 0562
  www.haparandatornio.com

HOTEL UND RESTAURANT

Hotel Mustaparta €€–€€€
Designhotel mit nautischem Dekor und moderner finnischer Küche, darunter geräucherter Seesaibling mit Fenchelsauce und Ren-Burger.
- Hallituskatu 6 | 040-010 5800
  www.mustaparta.fi

ENONTEKIÖ 7 ▮ B2

Die Großgemeinde Enontekiö (ca. 2000 Einw.) umfasst den Nordwestzipfel Finnlands mit einer Fläche von 8537 km². In dem über 1020 km² großen **Nationalpark Pallas-Ylläs-tunturi,** der sich bis südlich **Muonio** erstreckt, sind herrliche Wildmarkwanderrouten markiert (www.natio nalparks.fi/pallas-yllastunturinp).
› mehr S. 13 Punkt ❼
Rundkuppige Fjälls begleiten den Weg, wenn man dem Muonionjoki flussaufwärts nach Nordwesten

folgt. Der kleine Grenzort **Kilpisjärvi** am Dreiländereck gehört noch zu Enontekiö. Hier geht die Sonne vom 25. Mai bis 22. Juli nicht unter. Eine 11 km lange Wanderroute führt in die faszinierende Landschaft im Grenzgebiet von Finnland, Norwegen und Schweden. Etwa 30 km nordöstlich erhebt sich Finnlands höchster Berg **Halti** (1328 m).

Infos zu Wanderungen gibt das **Naturhaus Kilpisjärven Luontotalo** (Käsivarrentie 14145). Safaris in der Umgebung sowie zum Halti bietet z. B. **Kilpissafarit** an (www.kilpis safarit.fi).

Ein Abstecher von der Straße 21 auf die Landstraße 958 macht im Kirchdorf **Hetta** (noch Enontekiö) mit Sámi-Traditionen bekannt. Diese präsentiert eine Ausstellung im Naturzentrum **Skierri.** › mehr S. 19 Punkt ㊷

💬 RUSKA

Wer im September zur *Ruska*-Zeit hoch im Norden reist, wird diese Farbsinfonie, dieses Meer der Kupfer- und Violetttöne kaum in Worte fassen können. Im Hochsommer besticht der Wechsel von sanft gerundeten Fjälls, Wildwasser und sich lichtenden Wäldern. Mögen dort, wo sich Blockhüttendörfer, Hotels und Lifte in die Landschaft fressen, die Folgen des Tourismus ins Auge stechen, so gewinnen im Farbenzauber doch Eindrücke Oberhand, die eine stille Liebe zu Lappland wecken.

Ruska – der goldene Herbst in Lappland

Die Sámi feiern in Hetta Ende März ihre **Marientage.** Dieses große Volksfest geht mit aufwendigen Familienfeiern wie Hochzeiten und Taufen einher.

Für Wanderer ist Hetta idealer Ausgangspunkt zu einem der vielen möglichen Trecks durch den **Nationalpark Pallas-Yllästunturi.**

INFO

Tunturi-Lapin luontokeskus Skierri
• Peuratie 15 | Hetta
  Tel. 0400-556215 | www.tosilappi.fi

HOTELS

Lapland Hotel Kilpis €€–€€€
Räume in warmen Farben. Ideal für Wanderer und Angler. Skisaison bis Mitte Juni!

• 14206 Käsivarrentie | Kilpisjärvi
  Tel. 016-323 300
  www.laplandhotels.com

Jussantupa €€
Oft gelobt, urgemütlich, viel Komfort und einfaches, reichliches Essen.
• Ounastie 140 | Hetta
  Tel. 040-688 2200
  www.jussantupa.fi

Lapland Hotel Hetta €€
Schlichter skandinavischer Stil, am See Ounasjärvi. Beste Lapplandküche im großen Panoramarestaurant. Pool, Saunen. Auch Apartments.
• Ounastie 281
  Tel. 016-323 700
  www.laplandhotels.com

KITTILÄ 8 📖 B2

Die riesige Gemeinde Kittilä (ca. 6300 Einw.) am Fuß des **Levitunturi** ist eine Wintersporthochburg mit den Skigebieten **Ylläs** und **Levi**, in denen man im Winter bei Flutlicht die Pisten herunterwedelt. 30 km südlich steht bei Kaukonen am Ounasjoki das **Geburtshaus von Reidar Särestöniemi** (1925 bis 1981). Er gehört zu Finnlands bekanntesten Malern des 20. Jhs. Farbintensiv, teils in einem expressionistischen Stil, beschäftigte er sich überwiegend mit lappländischen Themen.

Noch heute birgt der Flusssand bei Tankavaara (meist kleinere) Nuggets

SODANKYLÄ 9 UND UMGEBUNG 📖 C3

Zu seinem seit 1986 bestehenden **Mitternachtssonnen-Filmfestival** im Mittsommermonat Juni erwacht Sodankylä (8700 Einw.) aus seiner provinziellen Ruhe und begrüßt internationale Leinwandgrößen zu vier Tagen Kino rund um die Uhr (www.msfilmfestival.fi). Eine Sehenswürdigkeit ist Lapplands älteste Kirche aus dem Jahr 1689.

17 km südlich bietet sich von der E4 ein Abstecher in das Fjällgebiet **Luosto** an, im Winter ein beliebtes Wintersportgebiet. Im Sommer lockt beim Ort Luosto die **Lampivaara Amethystmine,** die einzige Europas – erreichbar per Auto, zu Fuß (2,5 km) oder mit Skiern (Führungen, Shop, www.amethystmine.fi).
> mehr S. 13 Punkt 6

TANKAVAARA 10 📖 C2

In Tankavaara dokumentiert ein **Goldgräberdorf mit Museum** die Geschichte der Suche nach dem Gold, von dem heute Touristen unter Anleitung das eine oder andere Körnchen finden. Ende Juli veranstaltet der Ort sogar internationale **Goldwäscherwettbewerbe.**

Das **Informationszentrum** des **Urho-Kekkonen-Nationalparks** ⭐ › S. 143 ist eine wichtige Anlaufstelle für Wanderer (Koilliskairan luontokeskus, Tankavaarantie 11). Finnlands zweitgrößtes Reservat (2550 km²) bietet mit Naturzielen, z. B. dem Luiro-See, und Sehenswürdigkeiten wie verlassenen Sámi-Dörfern die ganze Bandbreite dessen, was Lappland ist.

INFO
Tankavaaran Kultakylä
• Tel. 016-626 158 | www.tankavaara.fi

SAARISELKÄ 11 ▮ C2

Das Fjälldorf Saariselkä, kompakt und leicht zu Fuß zu erkunden, ist vor allem bei Winterurlaubern beliebt. Mit Skifahren, Wandern, (Eis-)Fischen und Goldwaschen sind Abwechslung sowie Unterhaltung garantiert. › mehr S. 15 Punkt 21

Außerhalb, bei **Laanila**, führt von der höchsten Stelle der Straße 4 ein Asphaltweg (1 km) auf den Gipfel des **Kaunispää** (438 m; Fjällcafé, Aussichtsturm). Etwa bei Saariselkä verläuft die Waldgrenze, nordwärts beherrschen Zwergbirken und Krüppelkiefern die Landschaft.

HOTELS
Holiday Club Saariselkä €€€
Im nördlichsten Wellnesshotel Europas locken eine große Bade- und Saunalandschaft sowie vielfältige Sportangebote.
• Saariseläntie 7 | Tel. 0300-870 969
www.holidayclubresorts.com

Fjällzentrum Kiilopää €€
Das Angebot des Zentrums umfasst alles vom Hotel bis zur Wildmarkhütte – die Sauna sowieso.

• Kiilopääntie 620 | Tel. 016-670 07 00
www.kiilopaa.fi

IVALO (AVVIL) 12 ▮ C2

In Nordlappland, wo die Entfernungen groß sind, ist Ivalo (3500 Einw.) ein wichtiges Dienstleistungszentrum sowohl für die Einheimischen als auch für Reisende. Es ist ferner Verwaltungssitz der Gemeinde Inari. Am Ortsrand zweigt eine Straße zum Grenzübergang nach Russland, **Raja-Jooseppi,** ab – Murmansk am Eismeer liegt nur 400 km entfernt. In der Umgebung wurde einst ebenfalls Gold gewaschen.

HOTEL
Kultahippu €€–€€€
Familienhotel (30 Zimmer) mit Lappland-Spezialitäten und dem nördlichsten Nachtklub Finnlands.
• Petsamontie 1
Tel. 016-320 8851
www.kultahippuhotel.fi

INARI (ANÁR) 13 ▮ C1

Eis bedeckt von November bis Anfang Juni den bis 96 m tiefen **Inari-See,** mit 1085 km² zweitgrößter See der Erde nördlich des Polarkreises. Eislochangeln ist hier im Winter Volkssport. › mehr S. 13 Punkt 5

Der Wasserbus pendelt im Sommer zur Insel **Ukonkivi,** wo Sámi dem Gewittergott Ukko opferten. Ihre Kultur beleuchtet das **Sámi-Museum Siida** (www.siida.fi, Juni bis Sept. 9–19, sonst Di–So 10 bis 17 Uhr). Beim Museum führt ein Wanderpfad (7 km) zur **Holzkirche**

IM NIEMANDSLAND

Kaum irgendwo in Europa ist das Erlebnis Wildnis noch so intensiv zu erfahren wie in Finnland. Im Nordosten, im Gebiet von Kuusamo, bilden die letzten bewaldeten Wildmarken des Kontinents den Übergang zu baumlosen Fjälls. Nördlich des Polarkreises dominieren arktische Hochebenen mit runden Kuppen und karge, teils sumpfige Einödlandschaften. Und dennoch: Fünf Flughäfen mit regelmäßigen Verbindungen nach Helsinki, gut ausgebaute Straßen und sogar Autoreisezüge machen es leicht, in den hohen Norden Finnlands zu gelangen.

IDEAL FÜR WANDERER
Finnlands Nationalparks bieten gut markierte Wanderrouten. An Feuerstellen, Biwaks und Wildmarkhütten fehlt es nicht. Letztere sind teilweise im Voraus über die Tourismus- oder Nationalparkbüros buchbar.

Die Wildmarken sind Wildnis! Darum sollten Sie sich vorab nach den Verhältnissen erkundigen. Hinterlassen Sie, wann Sie auf welcher Route losgehen und wann Sie zurückkehren wollen. Wandern Sie nie alleine und bleiben Sie stets auf den markierten Wegen.

Bedenken Sie Ihre eigenen Grenzen: Wenn Sie müde werden oder sich verlaufen haben, rechtzeitig Zuflucht suchen, umkehren oder um Hilfe rufen. Statten Sie sich für plötzliche Wettereinbrüche aus. Und: Ein Mobiltelefon kann Leben retten. Unverzichtbar sind Plan und Kompass sowie Proviant, auch auf kürzeren Trails.

In Finnlands weiten Wäldern kann Natur zum existenziellen Erlebnis werden

BÄRENRUNDE IM NATIONAL-PARK OULANKA ⭐ 🏳 D4

Knapp südlich des Polarkreises und unmittelbar an der russischen Grenze liegt der Nationalpark Oulanka, eine urtümliche Wildnis, die sich nur Wanderern erschließt. Durch dichte, abgelegene Urzonen, in denen noch Braunbären leben, verläuft der ca. 75 km lange Pfad der **Bärenrunde.**

Eindrucksvoll ist das Tal des Oulanjoki, über das sich drei schwankende Hängebrücken spannen. Rote Markierungen kennzeichnen die Route, die in 4–6 Tagen zu bewältigen ist. Im Winter fordert sie trotz der Schutzhütten im 10-km-Abstand beste Kondition.

Eine Alternative ist die **kleine Bärenrunde,** eine Tageswanderung von 9 km. Den Ausgangspunkt bildet das Informationszentrum Kiutaköngäs.

In Finnland sind etwa 1000 Bären beheimatet, die Anzahl der Begegnungen mit Menschen hat steigende Tendenz. Normalerweise flieht der Bär vor Menschen und deren Stimme (darum sollte man auch in der stillen Natur laut reden oder singen). Bei einem Zusammentreffen ruhig rückwärts gehen, dann geht meistens auch der Bär. Falls ein Bär angreift, sollte man sich flach auf den Boden legen und unbeweglich liegen bleiben.

- **Oulanka Visitor Center**
  Im Park knapp 60 km nördlich von Kuusamo (Straßen E 5, 950, 8693)
  www.nationalparks.fi
  tgl. Juni–Sept. 10–18, sonst 10–16 Uhr
  tgl. Busse ab Kuusamo (Abfahrt bei den Hotels)

- **Ruka Safaris**
  Touren von Offroad bis Rafting.
  Rukarinteentie 1 | Rukatunturi
  Tel. 08-852 1610
  www.rukasafaris.fi

URHO-KEKKONEN-NATIONAL-PARK 🏳 C2

Lapinhullu nennen Finnen jene Städter, die verrückt genug sind, ausgerüstet mit Wanderschuhen und Zelten ihre urbane Bequemlichkeit gegen die arktische Einsamkeit einzutauschen. Doch die Wildnis lockt so manchen. Trotz der klimatisch rauen Bedingungen nimmt sogar der Wintertourismus zu.

Einen vertretbaren Kompromiss für weniger erfahrene Wanderer bieten Nationalparks wie Urho Kekkonen im Gebiet Koilliskaira bei Saariselkä. Neben den typischen Fjällgebieten präsentiert der Park viele geradezu üppige Auen. Sehenswert sind auch zwei Lappendörfer aus den 1940er-Jahren.

Übernachten und Essen kann man im Fjällzentrum Kiilopää (Tel. 06-670 07 00), das auch über Wanderrouten informiert.

INFO
- **Naturzentrum Koilliskaira am Urho-Kekkonen-Nationalpark**
  30 km südlich von Saariselkä
  www.nationalparks.fi
  März–April Mi–Fr 10–16,
  Juni–Sept. tgl. 9–16/17 Uhr
  mehrere Busse tgl. ab Rovaniemi
- **Villi Pohjola**
  Touren und Hütten in der Wildmark.
  Tel. 0500-599 999
  www.wildnordic.fi/de

(1760) in der Wildmark des Pielpajärvi, die nur am Johannistag benutzt wird.

Ausflüge zu Goldgräberstätten und Bootstrips bietet das **Feriendorf Valkeaporo** bei **Menesjärvi** am gleichnamigen See (34 km südlich von Inari, Tel. 0400-394 682, www.valkeaporo.fi, €€).

11 km westlich liegt das Sámi-Dorf **Njurgulahti**. Es ist das Tor zum **Nationalpark Lemmenjoki**, dem mit 2850 km² Fläche größten Finnlands. Über 70 km strömt der Lemmenjoki durch Täler, gesäumt von Kiefernurwäldern, in denen Braunbären und Elche reiche Nahrung finden. Die Schönheit der kahlen Fjällkuppen ist so atemraubend wie die Aussicht von oben.

HOTELS

Kaamasen Kievari €
Einfache Zimmer und Blockhütten.
• bei Kaamanen | Tel. 016-672 713
  www.kaamasenkievari.fi

Tunturikylä Muotkan Ruoktu €
Zentrum mit Hütten, Camping, Aktivangeboten und sehr delikater Küche.
• Kaamanen | Tel. 016-676 900
  www.muotkanruoktu.com

KEMIJÄRVI 14 UND UMGEBUNG 📱 C3

In Finnlands nördlichster Stadt scheint im Juni die Mitternachtssonne drei Wochen lang. Aber nicht nur dann herrscht am Ufer des idyllischen Sees, der Hauptattraktion, reger Bootsbetrieb. Im südlichen Teil der Gemeinde lockt **Suomutunturi** zum Wandern und zu Skisport aller Art.

Ein Ausflug sollte nordwärts zum fünfkuppigen **Pyhätunturi** (www.pyha.fi) bei **Pelkosenniemi** führen. Das Panorama aus dem Sessellift entschädigt für das Extra an Strecke. ▶ mehr S. 16 Punkt 26

UNTERKUNFT

Suomutunturi €€

Modernes Ski- und Sommerurlaubszentrum am Polarkreis. Unterkunft in Hotels und komfortablen Hütten.
• Kotakuja 1 | Tel. 020-719 9120
  www.suomutunturi.fi

KUUSAMO 15 📱 D4

Kuusamo (15 600 Einw.) zählt landschaftlich noch zu Lappland. Die vielen Seen, *tunturis* und Wildmarkgebiete der Umgebung haben den Ort zum Treffpunkt der Kanuten und Angler gemacht. Die Landschaft fasziniert auch die Wanderer der **Bärenrunde** ▶ S. 143, wenn es an den eindrucksvollen Felsen von Ristokallio, die schäumenden Stromschnellen des Taivalköngäs und durch den **Oulanka-Cañon** geht.

INFO

Kuusamo Info
• Torangintaival 2 | Tel. 040-860 8365
  www.ruka.fi

HOTEL

Holiday Club Kuusamon Tropiikki €€€
Niveauvolles Wellnesshotel.
• Kylpyläntie 1 | Tel. 030-686 4000
  www.holidayclubresorts.com

Die Kirche von Petäjävesi liegt auf einer
Landenge zwischen zwei Seen

TOUR
15

HELSINKI UND ROVANIEMI – OSTSEE UND POLARKREIS IN EINER WOCHE

ROUTE: Helsinki › Rovaniemi

KARTE: Klappe hinten

DISTANZEN: Helsinki › **Rovaniemi** 815 km

VERKEHRSMITTEL: In Helsinki kommen Sie zu Fuß oder mit öffentlichen Verkehrsmitteln gut zurecht, kostengünstig mit der Helsinki Card › S. 64. Nach vier Tagen Hauptstadtbesichtigung fliegen Sie die 815 km lange Strecke nach Rovaniemi in nur 75 Minuten. Auch dort sind Sie mühelos zu Fuß oder mit dem Bus unterwegs. Wer die Wildnis rundum genauer erkunden möchte, kann sich für die letzten Tage am Flughafen oder in der Stadt einen Wagen mieten.

Für die finnische Hauptstadt **Helsinki** sollten Sie vier Tage veranschlagen. Am 1. TAG nehmen Sie die **Tram 2/3** › S. 61, auf deren Route die meisten wichtigen Sehenswürdigkeiten liegen. Der Vorteil dieser Linie: Sie können ein- und aussteigen, wo Sie wollen. Den lebendigen **Markt Kauppatori** › S. 64 am Hafen und den **Senatsplatz** › S. 66 mit dem berühmten **Dom** › S. 66 dürfen Sie auf keinen Fall verpassen. Den 2. TAG verbringen Sie in frischer Luft auf der Seefestung **Suomenlinna** › S. 74. Je nach Lust und Lau-

Helsinkis Markt Kauppatori

ne nutzen Sie TAG 3 für **Museen, Einkaufen** und nordisches **Nachtleben** › S. 72. Am 4. TAG fliegen Sie am Nachmittag oder Abend zum Polarkreis nach **Rovaniemi** › S. 133. Dessen Attraktionen füllen den 5. TAG. **Arktikum, die Jätkänkynttilä-Brücke** › S. 133 und **Alvar Aaltos Architektur** machen die Stadt im hohen Norden sehenswert.

Am 6. TAG wird der **Polarkreis** › S. 135 überschritten: 8 km nördlich von Rovaniemi verläuft die magische Linie. Dort kann man den Weihnachtsmann im **Joulupukin Pajakylä** › S. 135 besuchen. Per Mietwagen geht es vom Polarkreis Richtung der Fjällgebiete **Pyhä** › S. 144 und **Luosto** › S. 140, bevor Sie am 7. TAG zurück nach Helsinki fliegen.

ZWEI WOCHEN MIT DEM AUTO QUER DURCH FINNLAND ZUM POLARKREIS

ROUTE: Helsinki › Lahti › Jyväskylä › Viitasaari › Nationalpark Pyhä-Häkki › Oulu › Kemi › Tornio › Rovaniemi › Helsinki

KARTE: Klappe hinten
DISTANZEN: **Helsinki** › **Lahti** 104 km; **Lahti** › **Jyväskylä** 167 km; **Jyväskylä** › **Viitasaari** 99 km; **Viitasaari** › **Oulu** 239 km; **Oulu** › **Kemi** 108 km; **Kemi** › **Rovaniemi** 117 km; Fahrtstrecke gesamt : 834 km; Flugstrecke **Rovaniemi** › **Helsinki** 815 km
VERKEHRSMITTEL: Die Tour führt quer durch Finnland über die Landesstraße 4. Es genügt, den Mietwagen in Helsinki erst für den dritten Tag zu buchen, wenn es aus der Stadt in Richtung Norden geht. Die Tagesetappen sind nicht lang und die Straßen gut, aber planen Sie ausreichend Zeit ein, weil man meist nicht schneller als 100 km/h fahren darf. Der Wagen wird in Rovaniemi abgegeben, zurück nach Helsinki geht es mit dem Flugzeug.

Die ersten ZWEI TAGE sind für das Hauptstadtleben in **Helsinki** › S. 58 reserviert, wobei man mit der Straßenbahnlinie 2/3 › S. 61 vom Hafen aus die wichtigsten Sehenswürdigkeiten erreicht. Am 3. TAG fährt man abends nach **Lahti** › S. 88, wo am 4. TAG das **Skimuseum** und die **Skisprungschanzen** nicht nur Sportfans begeistern werden. Am 5. TAG lohnt es sich früh aufzustehen. Die Strecke von Lahti nach **Jyväskylä** › S. 118 ist zwar nicht lang, aber auf der Route liegen zwei Orte, die einen Besuch wert sind: **Muurame** › S. 119 mit dem **Saunadorf** und **Säynätsalo** › S. 119 am See Päijänne, bekannt für Alvar Aaltos Architektur.

Die TAGE 6 UND 7 verbringen Sie in Jyväskylä: In der Hauptstadt Mittel-finnlands laden die Einkaufsstraßen zum Bummeln ein, und die Museen, z. B. das **Aalto-Museum** oder das **Museum für Handwerk und Kunstge-werbe**, machen mit finnischem Design bekannt. Einen Ausflug wert sind das Freizeitzentrum **Varjolan Tila** › S. 119 inmitten von **Laukaas** wunder-schöner Seenlandschaft und die alte Holzkirche von **Petäjävesi** (UNESCO-Weltkulturerbe) › S. 119. Am 8. TAG geht es nach **Viitasaari** › S. 119, für Natur-freunde mit Abstecher in den **Nationalpark Pyhä-Häkki** › S. 125.

Am 9. TAG steht die längste Etappe der Tour bevor: 239 km von Viitasaa-ri nach **Oulu** › S. 136, bekannt als Universitäts- und Technologiestadt. Gön-nen Sie sich hier zwei Übernachtungen und Zeit für Besuche im Wissen-schaftszentrum **Tietomaa**, auf der **Vogelinsel Hailuoto**, in den Museen für Volkskunde und Kunst sowie den Marktbummel.

Kemi › S. 137 ist das Etappenziel am 11. TAG. Spannend sind dort der **Eis-brecher »Sampo«** und eine Edelsteingalerie, im Winter (Ende Jan. bis Anf. April) das **Eisschloss Lumilinna**. Am 12. TAG in **Rovaniemi** › S. 133 ange-kommen, haben Sie noch zwei Tage in Lapplands Hauptstadt zur Verfügung – für Shopping, einen Architekturspaziergang und lohnende Abstecher. Wer noch keinen Elch gesehen hat: Im hervorragenden **Tierpark** von **Ranua** › S. 135 für nordische Tierarten haben Sie Sichtungsgarantie! Und der **Polar-kreis** › S. 135 liegt nur 8 km nördlich von Rovaniemi – dort, wo der Weih-nachtsmann wohnt.

Das Restaurant im Eisschloss Lumilinna ist ein eiskaltes Gesamtkunstwerk

DREI WOCHEN IM LAND DER TAUSEND SEEN

ROUTE: Helsinki › Porvoo › Loviisa › Kotka › Hamina › Lappeenranta › Imatra › Savonlinna › Varkaus › Leppävirta › Kuopio › Nilsiä › Nurmes › Kuhmo › Kajaani › Kuusamo › Posio › Rovaniemi › Kemi › Oulu › Kokkola › Seinäjoki › Tampere › Turku › Helsinki

KARTE: Klappe hinten
DISTANZEN: Helsinki › Porvoo 50 km; **Porvoo › Loviisa** 37 km; **Loviisa › Kotka** 46 km; **Kotka › Hamina** 26 km; **Hamina › Lappeenranta** 88 km; **Lappeenranta › Imatra** 37 km; **Imatra › Savonlinna** 118 km; **Savonlinna › Varkaus** 86 km; **Varkaus › Leppävirta** 22 km; **Leppävirta › Kuopio** 54 km; **Kuopio › Nilsiä** 55 km; **Nilsiä › Nurmes** 78 km; **Nurmes › Kuhmo** 77 km; **Kuhmo › Kajaani** 100 km; **Kajaani › Kuusamo** 246 km; **Kuusamo › Posio › Rovaniemi** 193 km; **Rovaniemi › Kemi** 117 km; **Kemi › Oulu** 108 km; **Oulu › Kokkola** 198 km; **Kokkola › Seinäjoki** 141 km; **Seinäjoki › Tampere** 180 km; **Tampere › Turku** 157 km; **Turku › Helsinki** 165 km; Gesamtstrecke: 2379 km
VERKEHRSMITTEL: Sie reisen mit dem Flugzeug nach Helsinki und von dort mit einem Mietwagen weiter oder mit der Fähre in Finnlands Hauptstadt und gemütlich auf den eigenen vier Rädern gleich vom Hafen aus los. Diese Tour eignet sich auch perfekt für Wohnmobilreisende. Wer nach Tampere fliegt, fährt über Turku nach Helsinki. Die Fahrtstrecke ist beträchtlich, aber da es in Finnland so gut wie keine Verkehrsstaus – höchstens Rentierstaus – gibt und drei Wochen für die Tour vorgesehen sind, ist das Unternehmen ganz entspannt!

Nach dieser großen Finnlandtour können Sie sagen, Sie haben das ganze Land gesehen. STARTPUNKT ist **Helsinki** › S. 58, wo Sie mit der Straßenbahnline 2/3 › S. 61 selbst mit wenig Zeit einen guten Eindruck von der Stadt gewinnen und zu den wichtigsten Sehenswürdigkeiten gelangen. Gleich am 2. TAG geht es ostwärts ins idyllische **Porvoo** › S. 80, wo – wie auch am folgenden Tag im benachbarten **Loviisa** › S. 82 – die alten Stadtviertel mit ihren Holzhäusern eine Übernachtung reizvoll machen. In **Kotka** › S. 82 steht am 4. TAG das hypermoderne, spektakuläre **Meeresmuseum Vellamo** auf dem Programm. Weiter geht es über **Hamina** › S. 82 mit seinem ungewöhnlichen oktogonalen Stadtkern nach **Lappeenranta** › S. 83, dem Tor zur Seenplatte. In **Imatra** › S. 83 lohnt am 5. TAG ein Spaziergang rund um die **Stromschnellen** und das bekannte **Staatshotel.**

Die Opernstadt **Savonlinna** › S. 121 ist das Ziel am Ende der ersten Woche. Ein Halt unterwegs in **Punkaharju** › S. 122 mit dem Kunstzentrum **Re-**

tretti bereichert das Programm in der Sommerzeit. Als eine der wenigen mittelalterlichen Festungsanlagen in Finnland führt die Burg **Olavinlinna** › S. 121 Besucher in eine Zeit, als das Gebiet Grenzland zwischen Schweden und Russland war. Savonlinna bezaubert durch seine charmanten Gassen.

Nach ein paar Tagen in Savonlinna geht es Richtung Norden durch schöne Seenlandschaften. Wandern, Angeln und Kanufahren sind hier angesagt. Das **Museum für mechanische Musik** in **Varkaus** › S. 121 verspricht als Zwischenstopp eine spannende Zeitreise, während in **Leppävirta** › S. 121 das Spahotel **Vesileppis** zu Wellness und Entspannung einlädt. Landesweit bekannt ist der Markt von **Kuopio** › S. 120, das man am 9. TAG besucht. Vom **Puijo-Turm** sieht man die herrlichen Wälder und Seen rund um Stadt. Am 10. TAG geht die Reise weiter durch das für seine hervorragenden Sportangebote bekannte **Nilsiä** › S. 118 und über **Nurmes** › S. 125 mit dem karelischen Museumsdorf nach **Kuhmo** › S. 126 zu den Wurzeln des Kalevala. Das **Kalevala-Dorf** ist vor allem im Sommer und um Weihnachten erlebnisreich.

Nördlich von **Kajaani** am Pulujärvi erreicht man mit **Kuusamo** › S. 144 schließlich Lappland. Knapp zwei Wochen sind Sie nun unterwegs und die Landschaft hat sich merklich verändert; die Distanzen zwischen den Orten werden zunehmend länger. Rentiere oder sogar Rentierstau auf den Straßen sind keine Seltenheit. Für **Rovaniemi** › S. 133 samt einem Besuch am **Polarkreis** › S. 135 lohnt es sich, ein paar Tage einzuplanen.

Fortan führt die Strecke südwärts: Über **Kemi** › S. 137 geht es in die Universitätsstadt **Oulu** › S. 136, wo man im Wissenschaftszentrum **Tietomaa** unterhaltsam forschen kann und in Finnlands buntester Fußgängerzone **Rotuaari** gemütlich den Abend verbringt. Die nächsten 200 km folgt man der Küste bis **Kokkola** › S. 105, das mit seinem **Holzhausviertel** einlädt, dort

Rauma ist berühmt für seine gut erhaltenen Hozhausviertel

zu übernachten, bevor es weiter in die Tangostadt **Seinäjoki** › S. 107 geht. Die letzten Tage der Tour verbringen Sie in **Tampere** › S. 84 – **Lenin-Museum**, die **Stromschnelle Tammerkoski** und der Vergnügungspark **Särkänniemi** sind hier die Highlights – sowie in **Turku** › S. 95. Ein Rundgang durch die frühere Hauptstadt mit den prächtigen **Segelschiffen am Aurajoki-Ufer** schließt die Tour ab, bevor es zurück in die Hauptstadt Helsinki geht.

4-STÄDTE-TOUR

ROUTE: Helsinki › Tampere › Rauma › Turku › Helsinki

KARTE: siehe Faltkarte / hintere Klappe
DISTANZEN: **Helsinki** › **Tampere** 176 km; **Tampere** › **Rauma** 145 km; **Rauma** › **Turku** 94 km; **Turku** › **Helsinki** 165 km
VERKEHRSMITTEL: Zwischen den Städten gibt es gute Bus- und Zugverbindungen, flexibler sind Sie jedoch mit dem Auto. Über Busverbindungen informiert die Webseite www.matkahuolto.fi, über Zugfahrpläne www.vr.fi. Zeitlich ideal sind 8–10 Tage. Auch für Flugreisende nach/von Tampere ist die Route bestens geeignet.

Die 4-Städte-Tour ist vor allem für diejenigen geeignet, die Finnland als Städteziel erleben möchten. Dabei ist die Natur dennoch Teil des Reiseerlebnisses. Wenn Sie in **Helsinki** › S. 58 VORMITTAGS ankommen und zwei Tage in der Hauptstadt zur Verfügung haben, sollten der **Senatsplatz** › S. 66 mit **Dom** sowie **Esplanadenpark** › S. 67 und **Ateneum** › S. 70 unbedingt auf dem Programm stehen! Dann bietet es sich an, vom **Marktplatz** › S. 64 am Hafen die Fähre zur Seefestung **Suomenlinna** › S. 74 zu nehmen. Am ZWEITEN ABEND geht es nach **Tampere** › S. 84. Wer mit der Familie unterwegs ist, wird Begeisterung für den Besuch im Freizeitpark **Särkänniemi** › S. 85 mit Delfinarium und Aussichtsturm ernten. Beim Stadtspaziergang an der **Hämeenkatu** findet man auch schöne Einkaufsmöglichkeiten. An der **Stromschnelle Tammerkoski** ist es sogar möglich, direkt in der Stadt Lachs zu angeln. Den 4. TAG füllt der Ausflug nach **Rauma** › S. 102 – im Grunde nur eine Kleinstadt, aber durch ihr idyllisches **Holzhausviertel** erlangte sie einen würdevollen Platz unter den Weltkulturerbestätten der UNESCO. Die letzten Tage verbringen Sie in **Turku** › S. 95, Europas Kulturhauptstadt 2011. Die Burg **Turun Linna, Dom, Markt** und die **Segelschiffe am Aurajoki** gehören zu den Sehenswürdigkeiten, die man sich hier nicht entgehen lassen sollte.

INFOS VON A–Z

ÄRZTLICHE VERSORGUNG

Die ambulante ärztliche Versorgung ist für Reisende aus EU-Staaten gegen Vorlage der Europäischen Krankenversicherungskarte kostenlos, abgesehen von den lokal erhobenen Gebühren in Gesundheitszentren (*terveyskeskus;* ca. 14–28 €, je nach Ort) und Polikliniken (ca. 28 €). Alle Rechnungen sind sofort zu bezahlen und später bei der Krankenkasse zur Erstattung einzureichen. Die öffentliche Gesundheitsversorgung ergänzen niedergelassene Ärzte (meist Ärztezentren).

Die Kosten für die fast ausschließlich private zahnmedizinische Behandlung sind in voller Höhe zu entrichten.

Somit ist nicht nur für Schweizer der Abschluss einer Auslandskrankenversicherung, die auch einen medizinisch notwendigen Rücktransport abdeckt, ratsam.

Medikamente verkaufen nur Apotheken (*apteekki;* Mo–Fr 9–18, Sa 9–14 Uhr, bei Notdienst bis 22 Uhr).

BARRIEREFREIES REISEN

In einem Drittel der Hotels sind Zimmer, auf den Ostsee-Fährschiffen u. a. die Kabinen (bei Buchung angeben), in den meisten Raststätten und vielen Restaurants Toiletten behindertengerecht ausgestattet. Bei vielen touristischen Attraktionen und öffentlichen Einrichtungen gibt es Rampen. Nähere Auskünfte und die Informationsschrift »Accessible Helsinki« mit ca. 800 Adressen und Beschreibungen sind erhältlich bei: Rullaten ry, Pajutie 7, 02770 Espoo, Tel. 09-805 7393.

DIPLOMATISCHE VERTRETUNGEN

- **Deutsche Botschaft**
  Krogiuksentie 4, 00340 Helsinki
  Tel. 09-458 580, Fax 09-4585 8258
  www.helsinki.diplo.de

- **Österreichische Botschaft**
  Unioninkatu 22, 00130 Helsinki,
  Tel. 09-681 8600, Fax 09-665 084
  www.bmeia.gv.at/botschaft/helsinki
- **Schweizer Botschaft**
  Kalliolinnantie 16 A 2 a,
  00140 Helsinki,
  Tel. 09-622 9500, Fax 09-6229 5050,
  www.eda.admin.ch/helsinki

EINREISE

Für Reisende aus Deutschland, Österreich und der Schweiz genügt der gültige Personalausweis oder Pass.

ELEKTRIZITÄT

Die Stromspannung beträgt 220 Volt, die Steckdosen entsprechen jenen in Deutschland und Österreich. Für Schweizer ist es empfehlenswert, einen Adapter mitzunehmen, da diese in Finnland eher schwer zu finden sind.

FAHRRADVERMIETUNG

Polkupyöränvuokraus bieten Jugendherbergen, Hotels, Campingplätze, Feriendörfer, Sportgeschäfte sowie manche Tourismusbüros.

FEIERTAGE

Gesetzliche Feiertage: 1. Jan. (Neujahr); 6. Jan. (Dreikönigsfest); Karfreitag; Ostern; 30. April–1. Mai (*Vappu*-Fest); Christi Himmelfahrt; Pfingsten; Mittsommerabend und -tag (der dem 23. Juni nächstgelegene Fr und Sa); erster Sa im Nov. (Allerheiligen); 6. Dez. (Unabhängigkeitstag); 25./26. Dez.

GELD UND WÄHRUNG

Der Euro ist offizielles Zahlungsmittel. Nicht im Umlauf sind 1- und 2-Centstücke. Alle Beträge werden auf- oder abgerundet. Kreditkarten werden fast überall akzeptiert. Mit Maestro-Karte und PIN-Nummer erhält man an den meisten Bankautomaten Bargeld.

HAUSTIERE
Bei der Einfuhr von Haustieren aus EU-Ländern ist ein EU-Heimtierpass vorzulegen, das Tier muss durch einen Mikrochip gekennzeichnet sein. Der Heimtierpass muss auch einen Vermerk des Tierarztes über die gültige Tollwutimpfung und die Echinococcose-Behandlung enthalten. Schweizer benötigen für Haustiere einen tierärztlichen Nachweis, der den genannten Bestimmungen entspricht.

IMPFUNGEN
Von März bis Oktober ist für die Åland-Inseln und die Regionen Turku, Kokkola und Lappeenranta eine Zeckenschutzimpfung (FSME) empfohlen.

INFORMATION
• Visit Finland
Porkkalankatu 1, 00181 Helsinki, Tel. +358 29 46 951, visitfinland.info@visitfinland.com, www.visitfinland.com.
Auslandsbüros gibt es keine mehr, alle Infos sind über die Website zu erfragen.

INTERNET
Fast alle Hotels bieten ihren Gästen Internetzugang, oft kostenlos. In allen Städten gibt es Cafés mit Webzugang oder WiFi, in kleineren Orten ermöglicht dies meist die Bücherei.

KLEIDUNG
In das Sommergepäck gehören außer leichter Kleidung auch Pullover und Regenschutz. Wanderer benötigen festes Schuhwerk, für Lappland Gummistiefel, Winterurlauber sehr warme Kleidung, insbesondere schneefeste Stiefel. Die Finnen kleiden sich gern lässig.

MIETWAGEN
Die gängigen Mietwagenfirmen sind in jeder Stadt und an größeren Flughäfen vertreten. Die meisten verlangen die Vorlage der Kreditkarte. Der gültige Führerschein des Heimatlandes und ein Mindestalter von 19 bis 24 Jahren sind Voraussetzung.

MÜCKEN
Mücken sind vor allem in Nordfinnland und Lappland sehr lästig. In Lappland sind die Plagegeister nur im Juni und Juli aktiv, dann aber vehement. Im Süden verschwinden sie Mitte August. Die Schäreninseln meiden Mücken fast völlig. Drogerien, Supermärkte und Apotheken verkaufen erprobte Mückenschutzmittel.

NOTRUF
Einheitlicher Notruf für Polizei, Feuerwehr und Notarzt: 112.

ÖFFNUNGSZEITEN
• **Geschäfte:** Mo–Fr 9–18/19 Uhr, Warenhäuser und Märkte *(automarket/ostoskeskus)* bis 21, Sa 9–18 Uhr (teils länger). Lebensmittelgeschäfte sind in den Außenbezirken der großen Städte und in ländlichen Regionen auch sonntags geöffnet, ebenso die großen Einkaufszentren im Sommer, manche innerstädtischen Fachgeschäfte schließen dann samstags.
• **Banken:** Mo–Fr 10–16.30 Uhr
• **Postämter:** Mo–Fr 9–18 Uhr

POST
Briefmarken erhalten Sie in Postämtern *(posti/post)*, an Automaten, in Schreibwarenläden und in Hotels (Standardbrief/Postkarte: 1,50 €).

RAUCHEN
Das Rauchen ist in Lokalen, Restaurants, öffentlichen Gebäuden und Verkehrsmitteln verboten.

SICHERHEIT

Die Kriminalitätsrate ist in Finnland niedriger als in den mitteleuropäischen Staaten. Wohnmobilreisenden wird empfohlen, auf bewachten Plätzen zu übernachten.

SOUVENIRS

Lohnende Mitbringsel sind Glaswaren, Schmuck, Keramik, anderes Kunsthandwerk, Bekleidung und Heimtextilien.

TANKEN

Alle Tankstellen des landesweit gut geknüpften Tankstellennetzes führen auch bleifreies Benzin. Öffnungszeiten: in der Regel 7–21 Uhr, sonntags kürzer, doch man kann (mit Scheinen oder Kreditkarten) an Automaten tanken.

TAXIS

Taxis erkennt man am gelben Leuchtzeichen »Taksi«. Rufnummern der Taxistände stehen im Telefonbuch bei Anzeigen und unter »Taksi«. In Helsinki sind sie teurer als im übrigen Land.

TELEFONIEREN

Telefonzellen, v.a. Münzapparate, sind rar geworden; Postämter und Kioske verkaufen Telefonkarten. Von Finnland ins Ausland wählt man 00, 990, 999 oder 994, gefolgt von Landeskennzahl (Deutschland 49, Österreich 43, Schweiz 41), Ortsvorwahl (ohne 0) und Teilnehmernummer. Vorwahl Finnland: 00358. Nationale Telefonauskunft: 118.

Finnlands Mobilfunkanbieter betreiben ihre Netze landesweit. Fragen Sie Ihren Netzbetreiber nach Roamingkosten. Günstige lokale Prepaid-Karten sind in »R-Kioski« und Tankstellen erhältlich und werden problemlos freigeschaltet.

TRINKGELD

Generell gibt man in Finnland Trinkgeld nur als Anerkennung für besonders guten Service. Taxifahrer sowie Bedienungen erwarten kein Trinkgeld, da die Preise einen Servicezuschlag enthalten. Waren Sie mit dem Service sehr zufrieden, können Sie sich dennoch erkenntlich zeigen.

ZEIT

In Finnland gilt die osteuropäische Zeit (OEZ), das entspricht der MEZ + 1 Std., mit Sommerzeit.

ZOLLBESTIMMUNGEN

Reisenden aus EU-Ländern ist die Einfuhr besteuerter Waren für den eigenen Bedarf oder zur Weitergabe als Geschenk in unbegrenzter Menge gestattet, dieses gilt auch für Alkohol und Tabak. Alkohol ist in Finnland jedoch nicht mehr so teuer wie früher.

Für Reisende aus der Schweiz gelten bei der Rückreise folgende Freigrenzen: 200 Zigaretten oder 50 Zigarren oder 250 g Tabak; 1 l Spirituosen über 15 Vol.-% und 2 l alkoholische Getränke unter 15 Vol.-%. Für Geschenke und Souvenirs gilt eine Freigrenze von 300 CHF.

💬 URLAUBSKASSE

• Tasse Kaffee:	2 €
• Softdrink (Cola, Wasser):	2,50 €
• großes Glas Bier:	5,50 €
• typischer Snack/ Imbiss *Kolmioleipä*:	3,50 €
• Kugel Eis:	1,80 €
• Taxifahrt (pro km, für 1–2 Personen):	1,57 €
Grundgebühr tagsüber:	5,90 €
Grundgebühr abends:	9 €
• Mietwagen/Tag (Klein-/Mittelklassewagen):	90 € / 130 €
• 1 l Superbenzin:	1,50 €

REGISTER

BILDNACHWEIS

Coverfoto: Feldarbeiter mit Rentieren, Lappland, Finnland © plainpicture/Ylä-Mononen, Topi
Fotos Umschlagrückseite: mauritius images/Alamy/Karjalainen, Mikko (links); mauritius images/nature picture library/Rouse, Andy (Mitte); Getty Images/Marco_Piunt (rechts)

Finish Tourist Board: 123, 139, 140, 129; Getty Images/500px/Ulmanen, Seppo: 66; Getty Images/Azumendi, Gonzalo: 109; Getty Images/Bryukhanova, Anna: 68; Getty Images/claudiodelfuoco: 150; Getty Images/Douxchamps, Damien: 148; Getty Images/EyeEm/Ng, Robin: 13; Getty Images/EyeEm/Raitilainen, Mika: 104; Getty Images/EyeEm/Tretjakov, Teemu: 9; Getty Images/Fawcett, William: 146; Getty Images/Folio/Heinonen, Jonne: 15; Getty Images/hemisfr/Caviglia, Denis: 96; Getty Images/Hiroyuki, Ito: 47; Getty Images/Inacio, Joao: 85; Getty Images/izhairguns: 78; Getty Images/Marco_Piunti: 20/21; Getty Images/Otte, Silvia: 10; Getty Images/Penttinen, Miemo: 22, 126; Getty Images/Vainionpää, Samuli: 17; Getty Images/van Dierendonck, Bernard: 29; laif/Azumendi, Gonzalo: 34; laif/hemis/Perau, Louis-Marie: 113; laif/Hirsch: 49; laif/Modrow: 44; laif/Theis, Gulliver: 72; LOOK-foto/age fotostock: 128; mauritius images/Alamy/Karjalainen, Mikko: 30; mauritius images/Alamy/Thomenius, Ivlarkus: 06/07; mauritius images/Alamy/White, Tim E: 18; mauritius images/Cultura/Planet Pictures: 58; Mauritius Images/Imagebroker/Krämer, Thomas: 36; mauritius images/nature picture library/Rouse, Andy: 43; mauritius images/View Pictures LTD: 88; Randebrock, Silwen: 12, 16, 71; Rössig, Wolfgang: 8; Seasons Agency/Jalag/Huck, Lara: 52; Shutterstock/Ad Oculos: 90; Shutterstock/Erdbeer, Alexander: 147; Shutterstock/Nikiforov, Alexander: 115; Shutterstock/Pecold: 145; Shutterstock/Scanrail1: 74; Shutterstock/Stemmer, Aleksey: 56/57; stock.adobe.com/Aliaksei: 27; stock.adobe.com/Bruev, Grigory: 76; stock.adobe.com/Martin: 142; stock.adobe.com/rbkelle: 101; stock.adobe.com/uckyo: 14; Visit Finland/Vastavalo/Jämsen, Jorma: 54; Visit Helsinki/Hellsten, Jussi: 65; Visit Helsinki/Kuva, Juho: 50; Visit Rovaniemi: 135.

Liebe Leserin, lieber Leser,
wir freuen uns, dass Sie sich für diesen POLYGLOTT on tour entschieden haben.
Unsere Autorinnen und Autoren sind für Sie unterwegs und recherchieren sehr gründlich,
damit Sie mit aktuellen und zuverlässigen Informationen auf Reisen gehen können.
Dennoch lassen sich Fehler nie ganz ausschließen. Wir bitten Sie um Verständnis, dass der
Verlag dafür keine Haftung übernehmen kann.

Ihre Meinung ist uns wichtig. Bitte schreiben Sie uns:
GRÄFE UND UNZER VERLAG
Postfach 86 03 66, 81630 München, Tel. 0 89 / 419 819 41
www.polyglott.de

LESERSERVICE
polyglott@graefe-und-unzer.de
Tel. 0 800 / 72 37 33 33 (gebührenfrei in D, A, CH), Mo–Do 9–17 Uhr, Fr 9–16 Uhr

1. Auflage 2019

© 2019 GRÄFE UND UNZER VERLAG GmbH, München
Dieses Buch wurde auf chlorfrei gebleichtem Papier gedruckt.
ISBN 978-3-8464-0420-1

Bei Interesse an maßgeschneiderten B2B-Editionen:
gabriella.hoffmann@graefe-und-unzer.de

Bei Interesse an Anzeigen:
KV Kommunalverlag GmbH & Co KG
Tel. 089/928 09 60
info@kommunal-verlag.de

Verlagsleitung: Grit Müller
Verlagsredaktion: Anne-Katrin Scheiter
Autor: Wolfgang Rössig
Redaktion: Elke Sagenschneider Texte und Projekte, München
Bildredaktion: Stephanie Weikert
Mini-Dolmetscher: Langenscheidt
Umschlaggestaltung & Layout:
Independent Medien Design, München
Horst Moser (Artdirection), Lucie Heselich
Karten und Pläne: Theiss Heidolph und Kunth Verlag GmbH & Co. KG
Satz: Tim Schulz, Mainz
Herstellung: Anna Bäumner, Gloria Schlayer
Druck und Bindung:
Printer Trento, Italien

PEFC
PEFC/18-31-506

GRÄFE
UND
UNZER

Ein Unternehmen der
GANSKE VERLAGSGRUPPE

MINI-DOLMETSCHER FINNISCH

ALLGEMEINES

Guten Morgen.	Hyvää huomenta. [hüwäh‿huo·menta]
Guten Tag.	Hyvää päivää. [hüwäh‿päiwäh]
Guten Abend.	Hyvää iltaa. [hüwäh‿iltah]
Hallo!	Hei! / Terve! [hej / terwe]
Wie geht's?	Mitä kuuluu? [mitä‿kuhluh]
Danke, gut.	Kiitos hyvää. [kihtos‿hüwäh]
Ich heiße ...	Nimeni on ... [nimeni on]
Auf Wieder-sehen.	Näkemiin. [näkemihn]
Morgen	aamu [ahmu]
Nachmittag	iltapäivä [iltapäiwä]
Abend	ilta [ilta]
Nacht	yö [üö]
heute	tänään [tänähn]
morgen	huomenna [huo·menna]
gestern	eilen [ejlen]
Sprechen Sie Deutsch / Englisch?	Puhutteko te saksaa / englantia? [pu·hutteko te ßakßah / englantia]
Wie bitte?	Anteeksi kuinka. [antehkßi‿kuingka]
Ich verstehe nicht.	En ymmärrä. [en üm·märrä]
Sagen Sie es bitte nochmals.	Olkaa hyvä ja toistakaa se. [olkah‿hüwä‿ja tois·takah ße]
..., bitte.	..., olkaa hyvä. [olkah‿hüwä]
Danke	Kiitos [kihtos]
Keine Ursache.	Kaikin mokomin. [kaikim‿mokomin]
was / wer / welcher	mitä / kuka / mikä [mitä / kuka / mikä]
wo / wohin	missä / minne [mis·sä / min·ne]
wie / wie viel	kuinka / paljonko [kuingka / paljongko]
wann / wie lange	milloin / kuinka kauan [mil·loin / kuingka kau·an]
Wie heißt das?	Kuinka tätä nimitetään? [kuingka tätä nimitetähn]
Wo ist ...?	Missä on ...? [mis·sä on]
Können Sie mir helfen?	Voitteko te auttaa minua? [woit·teko te aut·tah minua]
ja	kyllä [kül·lä]
nein	ei [ej]
Entschuldigen Sie.	Suokaa anteeksi. [ßuokah antehkßi]
Das macht nichts.	Ei se mitään. [ej‿ße‿mitähn]

SHOPPING

Wie viel kostet das?	Paljonko tämä maksaa? [paljongko tämä makßah]
Das gefällt mir.	Tämä miellyttää minua. [tämä mi·ellüt·täh minua]
Ich nehme es.	Otan sen. [otan ßen]
Wo ist eine Bank?	Missä on pankki? [mis·sä on pangkki]
Geben Sie mir 100 g Käse / zwei Kilo Orangen.	Antakaa minulle sata grammaa juustoa / kaksi kiloa appelsiineja. [antakah minulle ßata grammah juhs·toa / kakßi kiloa ap·pelßihneja]
Haben Sie deutsche Zeitungen?	Onko Teillä saksalaisia sanomalehtiä? [ongko tejl·lä ßakßalaißia ßanomalechtiä]
Wo kann ich telefonieren / eine Telefon-karte kaufen?	Mistä voin soittaa / ostaa puhelinkortin? [mis·tä woin ßoittah / os·tah pu·helin‿kortin]

ESSEN UND TRINKEN

Die Speise-karte, bitte.	Saanko ruokalistan. [ßahngko ruokalis·tan]
Brot	leipä [lejpä]
Kaffee	kahvi [kachwi]
Tee	tee [teh]
mit Milch / Zucker	maidon / sokerin kera [maidon / ßokerin kera]
Orangensaft	appelsiinimehu [ap·pelßihni‿me·hu]
Suppe	keitto [kejt·to]
Fisch / Meeres-früchte	kalaa / meren antimia [kalah / meren antimia]
Fleisch / Geflügel	lihaa / linnunlihaa [li·hah / lin·nunli·hah]
Beilagen	lisäkkeitä [lißäkkejtä]
vegetarische Gerichte	kasvisruokia [kaßwisruokia]
Eier	munia [munia]
Salat	salaatti [ßalahtti]
Dessert	jälkiruoka [jälkiruoka]
Obst	hedelmiä [hedelmiä]
Eis	jäätelö [jähtelö]
Wein	viini [wihni]
weiß / rot / rosé	valko- / puna- / rosé- [walko‿ / puna‿ / roßeh‿]
Bier	olut [olut]
Wasser	vesi [weßi]
Mineralwasser	kivennäisvesi [kiwen·näisweßi]
mit / ohne Kohlensäure	hiilihapon kera / ilman hiilihappoa [hihli‿hapon kera / ilman hihli‿hap·poa]